大夏书系·全国幼儿教师培训用书

丛书主编／朱家雄 张亚军

幼儿教师
专业·成长

吴 玲
葛金国 ／ 主编

华东师范大学出版社

ECNUP

全国百佳图书出版单位

图书在版编目（CIP）数据

幼儿教师专业成长/吴玲，葛金国主编. —上海：华东师范大学出版社，2013.5
全国幼儿教师培训用书
ISBN 978－7－5675－0666－4

Ⅰ.①幼... Ⅱ.①吴... ②葛... Ⅲ.①幼教人员—教师培训—教材 Ⅳ.①G615

中国版本图书馆 CIP 数据核字（2013）第 090756 号

大夏书系·全国幼儿教师培训用书

幼儿教师专业成长

主　　编	吴　玲　葛金国
策划编辑	李永梅
审读编辑	周　莉
封面设计	奇文云海
责任印制	殷艳红

出版发行 华东师范大学出版社
社　　址 上海市中山北路 3663 号　邮编 200062
网　　址 www.ecnupress.com.cn
电　　话 021－60821666　行政传真　021－62572105
客服电话 021－62865537
邮购电话 021－62869887　　地址　上海市中山北路 3663 号华东师范大学校内先锋路口
网　　店 http://hdsdcbs.tmall.com/

印 刷 者 北京季蜂印刷有限公司
开　　本 700×1000　16 开
印　　张 15
字　　数 220 千字
版　　次 2013 年 6 月第一版
印　　次 2021 年 8 月第八次
印　　数 19 001－21 000
书　　号 ISBN 978-7-5675-0666-4/G·6447
定　　价 29.80 元

出 版 人 朱杰人

目　录
CONTENTS

丛书总序

2010 年底，《国务院关于当前发展学前教育的若干意见》（以下简称"国十条"）给学前教育的发展定了基调，或者说是重申了多年以来被忽略的学前教育的定性问题。"国十条"提出把学前教育摆在国计民生的重要位置，突出强调了它的教育属性和社会公益属性，明确指出，学前教育是国民教育体系的重要组成部分，是重要的社会公益事业。因此，我们有理由认为学前教育迎来了健康快速发展的历史机遇。当然，我们仍然清醒地意识到，学前教育的发展不可能一蹴而就，不应依赖短期的即时政策，而需要一以贯之的良好政策，需要对教育发展规律和教育常识的基本尊重。

学前教育的健康发展无外乎受到外部和内部因素的影响，前者指的是社会发展及政策背景，后者指的是相关从业人员的实践行为。从目前来看，外部因素制约的瓶颈，基本解决了，剩下的是学前教育工作者的实践努力。我们认为，重中之重和当务之急就是建设并维护一支高素质的幼儿园教师队伍。

"国十条"指出，"加快建设一支师德高尚、热爱儿童、业务精良、结构合理的幼儿教师队伍"，并提出了"完善学前教育师资培养培训体系"的具体举措。从 2011 年起，实施"幼儿教师国家级培训计划"；2012 年初，颁发了《幼儿园教师专业标准（试行）》。这些举措实际上都是在重申和强调教育的一个基本常识：教师的专业化水平是决定教育质量的首要因素。

本套丛书正是在这样的背景下产生的，但这套书并不是应时应景之作，我们的目标是为幼儿园教师的专业成长提供持续的动力。虽然这套书是沐浴着学前教育的"春风"孕育而生的，但她将会焕发持久的生命力。

这套书延续了《给幼儿教师的建议》、《给幼儿园园长的建议》的风格，致力于解决一个核心问题，就是培训的有效性问题。这是一个最基本的常识问题，也是我们首先要直面的问题。无效则不如不做，低效也是劳民伤财。这套丛书或许不能系统地解决这个问题，但我们希望能为培训提供一个有效的载体，这是迈向有效之路的必备资源。如何解决这个问题，我们并没有灵丹妙药，靠的是常识，也就是突出主体性，即所谓的参与式培训。有效无效，受训者心知肚明，这是从结果而言的；想要做到有效，除了培训者和资源开发者的努力外，要充分发挥受训者的主体性。除此之外，别无他途。我们要做的，就是为这个有效之路提供载体。

为达成有效，我们在丛书的体系、内容、形式上做出努力，也就形成了本套丛书的三个特点。

在体系建构上力求系统明晰。这套书包括6册，力图涵盖幼儿园教师专业成长的所有方面。换言之，这是一套全员适用、全面促进幼儿园教师专业成长的读物。当然，这里的难点在于如何兼顾不同地域、不同专业成长期的不同教师，这个差异可能是巨大的。我们的原则是对应于符合资格准入标准的职初教师，直接的参考依据就是当时还未公布的《幼儿园教师专业标准（试行）》。实际上，这套书是对幼儿教师教育课程在实践层面的提升性重组。

在内容整理上力求精练实用。构建了全书的体系后，具体任务就落在了分册主编的肩上，因此，在分册主编人选上我们要求他既能高屋建瓴，又能通晓一线，并力求能在教改前沿和一线工作中融会贯通。对每分册的内容，关键是要提炼出核心的东西，并以一线工作为线索贯穿起来。尽力做到：讲理论要通俗，讲实践要实用。空话套话不讲，提炼核心要素。

在形式表现上力求可读、亲切。可读性不应成为出版物追求的重要目标，或者说这只是文字呈现的技术问题。但不知什么原因，没有可读性的出版物确实不少，这是我们首先要规避的。但我们肯定要更进一步，还要给读者亲切感，这个亲切不是文字的技巧，而是立足实际、置身现场、保持对话、情感共鸣。概而言之，需要我们用心来做。

从 2011 年初启动到现在，历时近两年，终于有了收获，这是值得欣慰的。《给幼儿教师的建议》出版后，我们曾说"这是一个很好的开端，并会沿着这样的足迹继续努力"，这套书算是兑现了我们的承诺。我们要感谢各分册主编艰辛的努力，致力于沟通前沿和一线的"壁垒"；我们要感谢"大夏书系"这个一流平台，致力于挖掘深藏一线的教育智慧；我们更要感谢读者，致力于专业成长和生命质量的提升。当然，我们也深知面对成千上万读者的智慧，我们的能量是有限的。恳请读者指正！

朱家雄

2012 年 10 月

丛书使用说明

一、丛书的内容及体系

本丛书目前共有6册，分别为《幼儿教师专业成长》、《家园沟通实用技巧》、《幼儿教师如何做研究》、《幼儿园环境设计与指导》、《幼儿成长及发展个案研究》、《幼儿园活动设计与经典案例》。

本套丛书的内容基本指向了幼儿园教师所需要的全部专业素养，形成了一个完整的培训研修体系。

二、丛书的特色

不同于学院式的教师教育，本丛书不求逻辑体系的严密完整，不求专业理论的系统演绎。本着"从一线中来，到一线中去"的宗旨，从工作中提升，结合工作经验学习，应用于工作中。丛书语言通俗，结合案例，可操作性强，引导反思。

倡导参与式培训，无需培训者过多地解读丛书，受训者不是长时间的静听者，而是主动的参与者。在研读丛书的基础上，参与讨论，参与展示，参与反思。

丛书虽不能涉及幼教工作的所有方面，但提供了一个专业成长的载体，在这个基础上，通过参与式培训扩充构建在丛书骨架基础上的更丰满的幼教生活。

三、丛书的目标人群

这套丛书主要是为幼儿园教师全员培训开发的，以幼儿园教师身份参加各类培训的受训学员是本套丛书的目标人群。具体可包括以下类型：

1. 学前教育新政策背景下的各级幼儿园教师全员培训（国培、省培、市培、县培）；
2. 各种类型的幼儿园教师专题培训、研讨会；
3. 非学前专业背景幼教师资的岗前培训；
4. 在职幼儿园教师园本培训及自我提升学习；
5. 幼师生拓展学习及新手幼儿园教师入门学习。

四、丛书使用建议

1. 丛书作为专业读物，要保证必要的研读时间。未必要在培训现场大量研读，但可以选择某篇重点研读，作为讨论的载体。篇末有延伸与讨论的建议，可据此展开同伴或小组讨论，使此主题得到更全面的理解和阐释。这是常规型的参与式学习。

2. 丛书中比篇更大的单位是辑，一辑一般有相对集中的指向。可利用课余或较长的培训时间研读某辑，围绕某辑的主题讨论。讨论的结果以适当的方式交流、报告。这是任务稍重、要求较高的参与式学习。

3. 参与式学习也是在做中学，所以受训者要完成相应的任务。可有以下方式：

（1）个人谈体会，结合工作实际谈经验；

（2）同伴或小组讨论，以小组为单位交流汇报；

（3）基于读物本身的延伸，如对某篇的批判性讨论，改写或重写某篇；

（4）同题撰写自己的篇目，展现同一主题的多样性；

（5）同题撰写某辑，小组或全员分工，按照某辑主题，编辑完成和读物相一致的篇目；

（6）观摩或实践：到幼儿园现场的参与式讨论、学习。

4. 参与式培训不是简单的受教，而是积极自主的学习，并要有实际的成效。至少可通过以下方式展现成果：所有参与式学习与讨论的书面（电子）学习档案，以读物为标杆的、向发表水准看齐的个人写作成果，参训学员学习成果的集成。

张亚军

2012 年 9 月

序

任何学习都需要载体或媒介，任何教学的开展都会遇到教材问题。载体、教材质量的高低，对教育质量有着直接影响。幼儿园教师的教育培训也不例外。

《幼儿教师专业成长》，是幼儿园教师自修的载体和培训的主干课程之一。我们深知，幼教工作者要顺利进入学前儿童教育的领域，不仅需要经历理论与实践的双重积淀，而且需要艺术与技术的复合修习。即需要在了解哲学、生理学和心理学知识的基础上，学习儿童发展和教育的基本理论，思考学前教育的基本矛盾关系，探讨儿童各领域发展的特点，进而顺应它的规律，并履行其教育职责。

本书不同于传统的学院式专业理论教材，具有较强的综合性。具体来说，它是建立在我们对当前幼儿园教师阅读和思考状况的认识、判断并努力实现引领的愿望的基础上的。已出版的学前教育书籍，或偏向于纯理论陈述，如各类学院式论著和教材；或侧重纯实用普及，如各类案例和大众读物。本书深刻体悟并基于教育知识的公共性、应用性和综合性的特点，不仅努力将实践证明有效、基本达成共识的最新研究成果融入教材，充分反映新世纪我国学前教育的最新研究成果，而且锐意创新，关注一线幼儿园教师的学习诉求，努力引领他们走进专业性阅读，尤其是在理论联系实际的阅读基础上进行思考。为了做到这一点，我们或从现实案例及工作要求出发，或从理论困惑及知识体系出发，或以附录扩充阅读、增长见闻，努力以一线教师的实际需要和"最近发展区"为基点实现引领，促进新理念的生成，化知为能，增长智慧。

作为幼儿园教师通识教材和自修读物，本书涵盖幼教理论中以"三教""两史""一管"（学前教育学、学前心理学、学前卫生学，中国学前教育史、外国学前教育史，幼儿园管理）为主的基础理论。具体分为七个专题：(1) 学前教育的基本属性；(2) 学前教育的基本规律；(3) 学前教育的基本原理；(4) 幼儿园课程与游戏；(5) 世界学前教育的历程；(6) 中国学前教育的历程；(7) 保教工作与管理实务。其中，每个单元包括4~5个专题和1个附录，全面探讨学前教育的基本命题、历程趋势、发展改革等，关涉学前教育的主要理论和实践领域。

本书适用于在职幼儿园教师全员培训，也可作为学前教育专业学生的学习用书、学前教育工作者的自修用书和研究人员的参考资料。

本书是通力协作的产物，凝聚着群体智慧。各位编写者理论素养深厚，实践经验丰富：他们或长期从事高校专业教学研究并且关注实践，或来自学前教育一线且受过专业系统的训练，编写人员均具有研究生以上教育经历。参加编写的人员主要有张红玢、但柳松、张亚军、杨谊金、李玲、巫莉、王莉、田娜娜等。葛金国和笔者承担了主要编写任务并负责统稿。

本书编撰得到了很多人的支持。在编撰过程中，我们参考并引用了诸多研究成果，在此一并表示感谢。

由于我们自身条件所限，书中可能存在不足，敬请大家批评指正。

吴　玲　葛金国
于安徽师范大学凤凰山
2012. 10. 28

第一辑　学前教育的基本属性

- 学前教育的概念：学前教育、幼儿教育、早期教育
- 学前教育的价值：个体与社会
- 学前教育的性质：回归公益，凸显责任
- 学前教育的质量：定位启蒙，立足终生
- 学前教育的追求：创造和品读幸福

导　　读

　　本辑包括 5 个专题和 1 个附录，以学前教育的基本属性为线索展开讨论。

　　在"学前教育的概念"专题中，我们对"学前教育""幼儿教育""早期教育"的称谓及其含义进行了深入讨论，指出它们在时限跨度、承担主体和学科研究等方面的细微区别，而是否能够根据具体语境适当运用，是幼教工作者专业素养高低的体现。

　　在"学前教育的价值"专题中，我们对学前教育的功能和价值进行了深入探讨，指出学前教育不仅是我国教育事业发展的重心，也是 21 世纪各国教育事业发展的重心，学前教育正在迎来发展的春天。

　　在"学前教育的性质"专题中，我们指出由于语境不同，学前教育的"性质"和"归属"显得复杂多样并且不断变化。当前，我国学前教育发展要凸显政府责任，焦点是回归公益、关注农村、实现普惠。

　　在"学前教育的质量"专题中，我们以定位启蒙为基础，指出高质量的学前教育应立足于儿童一生的发展。不应只看到眼前，还要看到未来，看能否赢在终点——看发展是否和谐，过程是否自然，结果是否幸福。

　　在"学前教育的追求"专题中，我们指出当代社会"职业倦怠"的存在是十分普遍的，而幸福又具有主观体验性的特点。为此，幼教工作者要在终极关怀中追寻生命的意义，创造和品读职业生活的幸福，体现对学前教育事业的深情投入和境界超越。

　　本辑的附录，梳理了学前教育的各"理论流派"。没有理论指导的实践，是盲目的实践。为了帮助读者延伸思考，本附录提纲挈领，简要介绍了影响学前教育的重要理论流派。

1. 学前教育的概念：学前教育、
幼儿教育、早期教育

关于"学前教育""幼儿教育"与"早期教育"，通常，我们知道三者是"既有联系，又有区别"的。但是，它们的联系何在？区别又在哪儿？社会上的叫法很多，虽然不一定有多大区别，也不一定都需要"较真"，但作为一个学前教育工作者，一个专业人员，却不能不搞清楚。

一、"学前教育"与"幼儿教育"

关于"学前教育"与"幼儿教育"之间的"联系"，似乎无须说，因为二者经常混用。如科班出身的人，在作自我介绍时说："我是学前教育专业毕业的。"若别人没听明白，又补充解释道："就是学幼儿教育的。"二者主要的共同点或联系在于，它们都是制度化学校教育之前的教育。

至于"区别"，社会上的说法很混乱。如家长有上"幼儿班（园）"还是上"学前班"的困惑。不少家长觉得上"学前班"比上"幼儿班（园）"好，或者应该先上"幼儿班（园）"，再上"学前班"。其实，在我国"学前班"是特定时期的"权宜之计"：事实是，20世纪80年代，要求入托入园的幼儿太多，而幼儿园数量较少，出现严重的"入园难"问题。为解燃眉之急，使幼儿在上学前得到必要的教育，有关部门决定设置"学前班"——这种班附设于小学，以补幼儿园数量的不足。到90年代，幼儿数量减少，托幼机构渐多，设备健全，城区入园难问题基本得到解决。当前，学前教育政策明确要求取消"学前班"。

可见，"学前班"实际上就是学前一年的教育，相当于幼儿园大班。无论是在事实上还是在制度上，学前教育、幼儿教育，包括"学前班""幼儿班"，并没有谁先谁后或由低到高的关系。目前，关于二者的区别的基本解释是，幼儿教育是指3～6岁儿童的教育，学前教育是指0～6岁儿童的教育。

二、"学前教育"与"早期教育"

关于"学前教育"与"早期教育"，二者主要的共同点或联系在于，它们都是以人生早期即处于童年的孩子为教育对象的。

至于区别，社会上，包括教育机构和媒体的说法都很混乱。它们的基本区别在于，学前教育是指儿童学龄前所接受的由社会机构提供的教育，而早期教育是指人生命早期所受的教育。在当今各国普遍实施义务教育的背景下，具体而言，学前教育是指接受义务教育前儿童所接受的社会机构的教育，即儿童从出生到6～7岁所受的教育，一般由托儿所和幼儿园实施；而早期教育则是一个相对概念，它可能由非社会专业教育机构完成，包括家庭、环境等其他影响。就前者而言，对没有受过学校教育的人来说，无所谓学前教育；对受过学校教育的人来说，他们受学前教育的时间跨度大体上是一样的。就后者而言，对正常人生来说，每个人都有自己的早期教育，并且时间跨度并不完全一样，一般还可向前（如胎教）或向后（如童年期教育）延伸。从专业教育学术语的角度讲，学前教育更多的是常态教育研究的对象，早期教育更多的作为英才教育的话题；学前教育更多的是针对社会性学前教育机构而言的，早期教育更多的是针对家庭、家长而言的。

三、"幼儿教育"与"早期教育"

关于"幼儿教育"与"早期教育"，二者主要的共同点或联系在于，它们都是人生早期所接受的教育。

至于区别，它们的基本区别在于，幼儿教育是指人在幼年所接受的教育，而早期教育是指人生命早期所受的教育。具体而言，幼儿教育是指人幼年即 3 ~ 6 岁时所受的教育，包括由托儿所和幼儿园实施的教育在内；而早期教育则是一个相对概念，它的时间跨度要更大一些，并且每个个体并不完全一样，也可向前（如胎教）或向后（如童年期教育）延伸。从专业教育学术语的角度讲，幼儿教育主要是学前教育学的研究领域，早期教育则更多的是英才教育或发展心理学的课题。

可见，早期教育作为人类教育重要的组成部分之一，有着最古老的历史；但是，作为制度化的早期教育，目前还停留在思想和部分实施阶段。其中，幼儿教育作为学前教育的重心正在逐渐社会化和制度化。与此相应，制度化以前，无论是早期教育还是学前教育（包括其中的幼儿教育）都主要是由家长（包括母亲的延伸，如祖辈、亲属和保姆等）承担的。制度化以后，有了社会化的专业幼儿教育机构及幼儿教师，这才产生了"学前教育""幼儿教育""早期教育"。

四、非专业的"混用"与专业的"区分"

应该说，这三个术语都与我们所从事的职业高度相关。在非专业的场合，它们是可以混用的，尤其是对非专业人士而言，因为它们毕竟"差不多"；而作为专业工作者，我们应当明确地加以辨析，特别是能够根据具体的语境正确地运用。总结起来有以下两点：

1. 对应的年龄段不同

学前教育一般指 0 ~ 6 岁儿童的教育，幼儿教育一般指 3 ~ 6 岁儿童的教育，早期教育指 0 ~ 8 岁儿童的教育（近年来也有特指 0 ~ 3 岁儿童教育的倾向，但这是不规范的用法，0 ~ 3 岁实际上是婴儿教育）。

2. 对应的语境不同

学前教育是针对学校教育而言的，即在上学之前所接受的教育。幼儿教育是针对年龄而言的，即幼儿在 3 ~ 6 岁所接受的教育，这在以前一般就是指幼儿园教育，但现在幼儿园也开始接收未满 3 岁的孩子入园，所以在专业名称上以学前教育取代幼儿教育。早期教育是针对整个生命阶段而言的，这是一个较模糊的说法，但国际上通用的早期教育指 8 岁以前的教育。

（吴玲　葛金国）

2. 学前教育的价值：个体与社会

　　1988 年，当 75 名诺贝尔奖获得者聚集一堂，记者问获奖者"您在哪所学校、哪个实验室学到了您认为最重要的东西"时，一位白发苍苍的学者沉思片刻回答道："在幼儿园。"并说自己在幼儿园学到了最重要的东西：把自己的东西分一半给小伙伴，不是自己的东西不拿，东西要放整齐，吃饭前要洗手，做错了事情要表示歉意，午饭后要休息，仔细观察大自然……

　　教育兴则人才兴，人才强则国家强。大约在一个世纪前，瑞典教育家爱伦·凯（Ellen Key）曾发出"20 世纪是儿童的世纪"的宣言，陶行知也发出"未来世界属于儿童"的呼唤。然而事实上，20 世纪并未真正成为"儿童的世纪"。

　　当今社会，一方面，人们对学前教育与个体发展、家庭幸福与社会和谐的关系的认识日益深入，学前教育的观念正被越来越多的人所接受。另一方面，与此形成反差的是，我们目前的学前教育现实令人担忧：有不少人轻视幼儿教育，因为在短期内看不到它对个体和社会发挥的效益，急功近利者不愿顾及，于是，幼儿成长最重要的关键期被耽误了；有关幼教政策法规不健全、无监管，经费投入不到位、难落实，幼教内部也有人受不住冷落，"耐不住寂寞"……有关数据表明，最近 20 年，我国学前教育事业整体上有所滑坡。

　　我们认为，儿童世纪的迟到，并不能改变"未来世界属于儿童"的发展趋势；学前教育对个体发展、人生幸福和社会和谐的意义，必将被越来越多的人认识。当前，我们的任务是，进一步提高认识，加大投入力度，为学前教育立法，加强政府责任和监管，改善幼师生存状态。人类发展，要从学前教育抓起；办人民满意的教育，须从学前教育起步。

一、学前教育价值的时代背景与生理基础

曾经有人把学前教育视为"小儿科"，这是传统教育观念中的短视之见。其实，幼儿教育的尖端性，古今中外有识之士早有觉察。中国古人早有体察，所谓"三岁看大，七岁看老"。早在西方文艺复兴时期，法国人文主义者蒙田认为，人类学问中最困难而又最重要的一门就是儿童的教育。事实越来越清晰地表明，学前教育不仅不是"小儿科"，而是教育中最尖端的领域，学前教育要确立为实现人类发展奠基的远大目标。然而，学前教育本身的复杂性，决定着它虽有远古起点，但至今人类对此认识有限，可能还没有迈出幼年期。

来自脑科学研究的证据，决定了学前教育价值的生理基础。学前期是人一生中脑的形态、结构和机能发展最为迅速的时期。研究发现，学前期的教育，对大脑具有巨大的可塑性影响：丰富多彩的适宜刺激，是促进脑生长及其机能完善的重要条件。大量的"反面教材"也表明，幼年期持续的早期经验剥夺，会导致中枢神经系统发展出现减慢或停滞现象，并构成终身性的伤害。这是因为，脑细胞的生长不同于身体细胞，一旦完成就不会再增殖；另外，由于在学前期儿童脑生长尚未定型，此时如能积极提供适宜影响还有某种修复性。显然，脑是个体心理发展必需的"硬件"，这为学前教育对人类全面发展和国民素质提高产生了深远影响，提供了生理依据。我们必须放眼未来，从现代化建设和教育全局来思考学前教育发展。目前国家在学前教育政策上已有明显转向，期望我国的学前教育，能真正从教育舞台"边缘"走向"中心"。

二、学前教育对于个体发展的价值

学前教育对于个体发展的重要性，体现在以下三个方面：

一是对身体发展的重要性。因为它是基础，是前提，所以显而易见，

毋庸多言。

二是对于人的认知发展的重要性。学前期是个体认知发展最重要的时期，早期教育对儿童认知发展有着重要影响。单调贫乏的环境刺激和适宜学前教育的缺乏，会造成儿童认知的落后。遵循身心规律的学前教育，能够促进儿童各种认知因素的发展。正如美国儿童健康与人类发展组织 1999 年的研究所指出的：早期教育状况，在很大程度上可以预测儿童将来的认知、语言和智力发展水平，成人对儿童恰当的关爱、支持、鼓励和引导等能够促进其发展。

三是对于人的社会性、人格发展的重要性。学前期是个体社会化的起始阶段和关键时期。研究和事实均表明，6 岁前是人的行为习惯、情感、态度、性格基本形成的时期，是儿童养成礼貌、友爱、帮助、分享、谦让、合作、责任感、活泼开朗等良好社会性行为和人格品质的重要时期，并且，这一时期儿童的发展状况具有持续性影响。儿童学前期形成的良好社会性、人格品质，有助于他们积极适应环境，有助于他们健康成长。反之，他们后继阶段的社会活动就会出现困难。一些研究表明，早期行为、性格发展不良的儿童，在学龄阶段更难适应学校生活，交往困难，甚至会出现厌学、逃学情况，其中纪律问题和少年犯罪率也更高，成年后也更容易出现情绪、交往障碍和行为问题。

高质量的学前教育对于儿童社会性、人格的发展具有积极的促进作用。美国著名的"发展适宜性教育"（Developmentally Appropriate Practice）以及我国"九五"规划项目"学前儿童社会性发展与教育研究"结果均表明，学前期适宜的社会性教育，能够有力地促进儿童社会交往能力、爱心、责任感、自控力、自信心和合作精神等社会性、人格品质的发展，接受了适宜社会性教育的儿童，以上各方面的发展都显著高于没有接受过该教育的儿童。而不良的学前教育则易使儿童形成消极的认知性及人格品质。对"机构综合症"儿童（即早期教育环境中缺乏成人的关爱与发展支持、缺乏情感互动与交往引导）的研究表明，这些儿童性格上容易出现孤僻、冷淡、退缩、依赖、攻击性及破坏性强等问题，严重的还会产生情感、人格障碍。

诸多事实和研究均表明，学前期是儿童形成各种行为、习惯和性格的重要时期，而该时期所受到的环境和教育影响则是其行为、性格形成的基础。当然，学前教育与儿童发展的关系也是辩证的：一方面，发展决定教育；另一方面，教育也可以创造发展。但教育对发展的创造并不是任意的——教育所创造的发展必然遵循儿童发展规律，顺应发展的自然进程。

三、学前教育对于教育事业、家庭和社会的价值

1. 启蒙——学前教育对于教育事业发展的价值

学前教育作为我国学制的第一阶段、基础教育的有机组成部分，必然对我国教育尤其是基础教育的发展产生重要影响。学前教育帮助幼儿做好上小学的准备，帮助他们顺利适应小学的学习生活。研究证明，学前教育能让儿童的小学教育有一个良好开端。联合国教科文组织在《教育：财富蕴藏其中》的报告中明确指出，"受过幼儿教育的孩子与没有受过这一教育的孩子相比，往往更能顺利入学，过早辍学的可能性也少得多"；"学前教育的不足或缺乏这种教育，均可严重地影响终身教育的顺利进行"。学前教育可为提高义务教育的质量效益作出积极贡献。

2. 纯真带来美满——学前教育对于家庭幸福的价值

赤子之心，纯真自然；亲子之情，人间至爱。家庭是社会细胞，每个儿童连接着一个或几个家庭。当前，我国不少家庭都只有一两个孩子，这使儿童成为家庭的中心；孩子能否健康成长，成为家庭是否和谐幸福的关键因素。学前教育机构，不仅承担着从时间上为家长提供便利的任务，而且其教育质量也为家长所关注，关系着家长能否放心地学习、安心地工作。曾有人说，关闭一所幼儿园比关闭一所大学，或一所低质量幼儿园的存在比一所低水平大学的存在，更会让家庭、社会不安。这种比较未必得当，但却充分反映了学前教育及其质量对家庭幸福乃至社会和谐的重要价值。

3. 健全——学前教育对于社会和谐的价值

人是群居的动物，社会是人的集合体。研究表明，学前教育通过服务于家长，而间接影响社会的发展；学前教育直接影响儿童的发展，从而间接影响社会的发展。高质量的学前教育计划，不仅能提高参与其中的儿童及其家庭的生活水平，还能为社会带来巨大的经济效益。而补偿性学前教育，则对打破消极贫穷循环圈、消除社会性贫困，拥有高质量家庭生活和产生社会经济效益等方面的作用尤为突出。从经济视野看，学前教育的收益，要远远大于其花费。在学前教育上的投入，会为国家日后节省庞大的社会教育费和社会福利费。这些研究结果，对于我国贫困地区发展学前教育尤其重要。

（吴玲　葛金国）

3. 学前教育的性质：回归公益，凸显责任

教育是百年树人的事业。中国古人以"人生百年，立于幼学"的见解，对学前教育的性质和意义作了简明概括。西方圣贤柏拉图认为，一个人从小所受的教育，把他往哪里引导，决定了他后来往哪里走。正因为如此，我们对学前教育不可不慎重，必须遵循其发展规律。

前些年，有些地方（如江苏宿迁）把其所属的公办幼儿园全部推向市场，由此引发了人们对学前教育地位、性质——实质是托幼机构的归属和责任问题的争论。有人指出，学前教育是育人事业，是"我国学校教育和终身教育的奠基阶段"——似乎学前教育的教育性越强，大家就越重视和欢迎。也有人强调学前教育的福利性，属社会保障领域——其潜台词是说幼儿是"弱势群体"，社会尤其是政府应当保障他们的福利，即基本生活与学习的需要。随着学前教育办学体制和形式的多样化，我们很难将托幼机构归于教育还是福利机构，甚至是商业机构作出判断。

事实上，"学前教育"的性质和归属，是复杂多样并且变化着的。

首先，从时间上说，学前教育机构创始之初的西方，其功能主要在保育。随着时间推移，教育性日益突出，甚至保教分离，教重于保。在当代，人们又强调育婴是母亲的神圣权利和不可推卸的责任，学前教育又重新"回归自然"——回归家庭、回归社会，从而学前教育在理念上又开始倡导保教并重，教育性和福利性同时得以彰显并有机统一。

其次，从空间上说，不同国家和地区，对学前教育性质的理解与管理归属不尽相同。有的将其归于妇女儿童部门，有的将其归于社会福利部门，有的将其归于教育部门，也有的认为其应分属于多个部门……我们曾经天真地以为，只要能明确性质，找到一个好归属，学前教育就有

地位和保障了。显然，学习借鉴不同国家和地区经验的时候，不能一概而论。

一般说来，儿童福利机构和托儿所"保育"色彩浓些，幼儿园"教育"意味深些。与此相关的是，计划经济下的人们，往往把幼教投入视为社会福利；市场经济下的人们，往往把幼教投入视为经济投资。

2010年9月，首届联合国教科文组织世界学前教育大会即"莫斯科会议"达成以下共识：学前教育具有极为重要的社会价值，是为国家积累财富；发展学前教育是政府的责任；幼儿期是一个不可复制的过程，质量和机会同样重要；政策不明确，缺乏体制机制保障，阻碍了全民保教目标的实现。

由此可见，学前教育的性质，人们对学前教育机构性质的把握、功能的定位和管理归属的认识，并不是一成不变的——它具有随着时间、空间和语境变化的特点。从表层、显性角度来看，这种变化只是对学前教育机构冠以不同名称；从深层、隐性角度来分析，这种变化蕴含着不同的价值取向，并对我们今天理解儿童、学前机构乃至各种关系都有重要影响。把学前教育机构当作慈善机构或保教机构，更多表现出的是成人化、组织化、标准化的特征，儿童在其中是按预设被发展着进而实现个体社会化；而把学前教育机构视为"文明社会的论坛"，学前机构应该是"一个很多成人与很多孩子彼此分享生活与关系的地方"，表现出的是它的开放性、民主性、多元化的特征。视角的转换要求我们重新思考幼教机构的性质，转变参与者的角色定位，注重以关系为基础，打破机构的模式化，有效发挥其独特的培养人的功能和造福家庭、社区与所在国家社会的作用。与此同时，需要强调的是，学前教育就是学前教育，它不同于小学、中学、大学教育和职业教育，也不同于儿童福利院等福利机构。虽然带有"教育"二字，但它不是学校教育；虽然带有"教育"二字，但也不能排除其福利性（公共性）。

在我国，人们常常感到，对于学前教育事业宏观发展来说，理论上怎么表述学前教育的归属和价值不重要，重要的是，学前教育在各级政府的眼中是什么，它的实际分量和地位如何，各级政府是不是愿意承担责任。对于我国学前教育事业的性质和归属讨论，目前除了认识其基础性外，最需要的是"回归公益，凸显责任"。它的实质是凸显政府责任，焦点是回归社会公益，重点是关注倾斜农村，要义是实现普及普惠。政府承担责任和社会积极参与是学前教育公益性实现的体制性保证。

（吴玲　葛金国）

4. 学前教育的质量：定位启蒙，立足终生

打造高质量学前教育，促进幼儿身心全面和谐发展，已成为新世纪各国学前教育的共同目标。在我国，随着时代的发展，社会各界对学前教育数量和质量的要求日益提高，近年来学前教育已受到前所未有的关注。一方面，学前教育多元发展格局已经形成，"不让孩子输在起跑线上"成为年轻家长们的口号，这是好现象；另一方面，学前教育无论在数量还是在质量上都存在差距，部分幼儿园办学不规范，热衷于"小学化"教育……我国的学前教育到底该怎么办？这一系列的问题值得我们探讨。

学前教育的构成要素，包括学前教育者（学前教育实践中直接或间接承担设计、组织、实施保教活动责任的人）、受教育者（学前教育活动中参与保教活动并直接承受其影响的学前儿童）和学前教育中介（联结学前教育者与受教育者的一切中介因素，主要是指教育内容和手段），它的活动状况与质量高低，关系着千家万户的幸福，甚至是国家和民族的未来。提高学前教育效益的基本途径，不外乎构建合理的体制和结构，适度扩大规模，优化资源配置，努力提高托幼机构的质量等。

高质量的学前教育，应该在价值取向上有效协调个体需要与社会需要的关系，体现体、智、德、美的全面发展的追求，立足于儿童一生的发展：不应只看到眼前——看起跑线、起跑动作和早期发展；还要看到未来——看发展是否和谐，过程是否自然，结果是否幸福，能否赢在终点。

一、以创新精神与基本学习为取向，确定志存高远的教育目标和内容

当今社会，进入知识经济时代，创造性成为人的发展素质中的核心

要素。三岁看大，七岁看老，创造性的培养必须"从娃娃抓起"。

现实的创造性，基于个体创新精神。作为人生态度和个性倾向，创新精神的形成是一个潜移默化的过程，它是以个体的独立性、主动性为基础的。只要我们能为儿童提供一个宽松的环境，支持、鼓励儿童的探索和创造活动，创新精神就可以在其中孕育、萌芽。对此，2001 年颁布的《幼儿园教育指导纲要（试行)》有关教育目标部分，和 2010 年中共中央、国务院颁布的《国家中长期教育改革和发展规划纲要（2010-2020年)》有关学前教育部分，都给予充分体现。早在 1996 年，"国际 21 世纪教育委员会"就明确地提出，教育必须围绕"学会认知、学会做事、学会共同生活、学会生存"四种基本学习来组织。四种基本学习，秉承可持续发展观念，反映了新时代教育内容从重视知识到重视态度能力的形成、从重静态的知识到重动态的活动、从重表征性知识到重行动性知识、从重"掌握"知识到重"建构"知识的变化趋势。学前教育作为启蒙教育，更应该立足于人一生的可持续发展。

以《幼儿园教育指导纲要》为例，在目标上，它在相关要求中多处提到"创设一个使他们想说、敢说、喜欢说、有机会说并能得到积极应答的环境"；"为幼儿的探究活动创造宽松的环境"；"提供自由表现的机会，鼓励幼儿……大胆地表达自己的情感、理解和想象，尊重每个幼儿的想法和创造，肯定和接纳他们独特的审美感受和表现方式，分享他们创造的快乐"，等等，以求在促进幼儿身心全面发展过程中落实创新的目标。同样，尽管《幼儿园教育指导纲要》是按健康、语言、社会等五个领域来表述教育内容的，但更为注重幼儿在参与活动中获得"经验"，形成"基本素质"。

二、以主动学习与游戏活动为抓手，有效地整合学前教育过程

以创新精神为标志的可持续发展目标的实现，要以个体的独立自主性和主动学习素质的形成为基础。幼儿的主动学习，是在其内在兴趣需要的基础上，探索环境，开展活动，在活动中不断思考、发现问题并解决问题的过程。实现这一任务，教育者要给予自由探索和体验表达的机会，这样才能激发儿童的好奇心。重要的是，支持幼儿通过游戏与环境

相互作用，在人际互动中实现交往学习。

　　幼儿的理想发展，依赖于活动中有益经验的获得，依赖活动的合理组织。有效的教育无疑是一个被适当组织起来的系统工程。在这里，"整合"是包括了任务、内容、途径和方式方法的全方位的综合化与系统化。它要求幼儿园明确"定位启蒙，立足终生，打造高质量学前教育"的宗旨，围绕具有创新精神建设者的目标，加强不同的任务、内容、途径和方式方法间的协同，贯通学习经验及其联系，帮助幼儿实现经验统整，提高学习有效性。

　　教育内容的选择与组织有一定联系。前者主要解决的是"教什么"或"学什么"，后者主要解决的是"怎样教"或"怎样学"。对于学前教育，组织教育内容的意义甚至超过选择教育内容。"有机联系"——"相互渗透""强调整体"——"注重综合""在活动中学习"——"寓教于游戏中""渗透在一日生活的各个环节之中"等理念，有助于我们改变教育内容组织上的分散主义和形式主义。目前，以"问题"或"项目"组织内容在实现整合性上显示了优势。这说明，整合教育内容的方式也可是多样化的。

三、以师幼关系与和谐氛围为标志，建构学前教育内外环境

　　师幼关系是幼儿园内部人际关系的核心（幼儿园其他人际关系，如同事间的人际关系等虽然重要，但其过程性或工具性色彩也更为浓厚）。在实现"定位启蒙，立足终生，打造高质量学前教育"的宗旨中，无论是教师的角色，还是幼儿的角色，都会发生重大变化。高质量的幼儿教育，需要高素质的教师。传统师幼关系中，教师角色常常有两个极端：要么放任，倾向于生活照料者、环境的提供者、活动的观察者；要么专断，过多地扮演监管者、控制者。理想的幼儿教师角色，应当走出上述两个极端，既不充当"保姆"和一般意义上的游戏伙伴，也不是学校教育意义上的"传道解惑者"，而成为新型的支持者、合作者、引导者，借用美国教育家霍钦斯（R. M. Hutching）的一句话，他是一个"以专业的眼光赋予学习者和学习以价值的人"。所谓"专业的眼光"是指幼儿教师

懂得幼教专业知识，能用专业视野分析判断事物，赋予幼儿学习行为的教育意义，具有促进他们发展的能力。

学前教育和谐发展的环境，还包括幼儿园与家庭、社区关系的和谐。从微观上说，照料和教育幼儿是父母的神圣责任，家庭成员的态度直接影响着幼儿园的行为。从宏观上说，儿童是国家的希望、民族的未来，政府责任和社会思潮关系到学前教育的社会背景。一个社会是否具有正确的儿童观、人才观和教育观，对于"定位启蒙，立足终生，打造高质量学前教育"宗旨的实现是至关重要的。为此我们需要不懈努力。

（杨谊金）

5. 学前教育的追求：创造和品读幸福

有人说："幼儿教师是'高级保姆，低人一等'，只是负责看孩子，负责他们的吃、喝、拉、撒。"也有人说："家有三斗粮，不做孩子王。"其实，幼儿教师"站起来是老师，蹲下来是妈妈"。他们每天超负荷地工作，精神高度紧张。幼儿教师大多是女同志，既要忙家里，又要忙幼儿园，像陀螺一样不停地旋转，所以身心疲惫，甚至产生"职业倦怠"。人们不禁怀疑："当幼儿教师真的幸福吗？""当幼儿教师能够实现自己的人生价值吗？""幼儿教师还有大家所说的快乐吗？"……

一、意义追寻：学前教育幸福意味着什么

人的生活，包括"可能的"生活和"现实的"生活。幸福是主体的一种积极的心理感受：它是一种真正的愉快，可能外露也可能内藏，但它是发自内心的；幸福是一个自我实现的过程，它可能很辛劳，但它是自我完善，与个体发展方向一致，具体表现为通过提高工作效率和生活质量来实现；愉快和单纯的快感不一定都是幸福——侵犯他人获得的快感，不当的物欲等都不配叫幸福。教育作为人类社会的一项智慧性的文明事业，它是人类幸福的有机组成部分，幸福也是幼儿教育的应有意义。

幼儿和幼儿教师的理想生活，是他们所梦想着的要去实现的生活；幼儿和幼儿教师的现实生活，是他们正在亲历的生活。其中，儿童的幸福与成人紧密联系——既可能由于成人努力得法（符合儿童潜能方向并遵循规律）使其更好地拥有幸福，也可能由于成人干预失误，而使其

没有真正感受到幸福。使儿童教育充满幸福的关键在于"在儿童教育中运用隐藏在儿童内心深处的那些力量",这"不仅可能,而且必须这样做"。

幼儿的幸福,主要体现为自身的成长。幸福的感受,能引发儿童不断地创造和成长。对于儿童来说,不受任何阻碍地投入自己的创造活动之中,就是最大的幸福。因此,我们要把儿童在其潜能指引下的创建活动,看作是对整个人类的建构,是人类迈向自由幸福所必须经历的过程。在这个过程中,儿童创造了人类智能的所有要素。对每个儿童而言,创建过程本身就是一个幸福的过程。

教师的幸福,是教师在教育工作中自由实现职业理想的一种主体生存状态。幼儿教师的幸福有四个特点:①精神享受性。教师的幸福是一种雅福。幼儿教师的幸福,不在于稳定的经济收入,而主要在于创造性职业劳动中发现自己,从幼儿成长中体验劳动的满足和快乐,在尊师重教的社会氛围中体验幸福感。②人际关系性。教师的工作对象是幼儿,教师幸福感的源泉是与幼儿建立和谐的师幼关系——当教师把自己对幼儿的爱智慧地给予幼儿时,教师是幸福的;同时,教师也常常从孩子的纯真中体验到幸福。③集体协作性。教育劳动具有集体性。幼儿园教师是集体,一所人际关系紧张的幼儿园中的教师是很难体验到幸福的,因此,幼儿教师幸福感具有建立在合作基础上并与集体成员共享的特点。④持续显效性。教师幸福的可持续性是由教师工作的延续性及教师对幼儿的人格影响的终身性所决定的。幼儿教师的幸福不是一种外在的恩赐,也不等同于物欲享受;它存在于与幼儿的朝夕相处之中,存在于和谐的园所文化之中,因而是长期的、可持续的。

众所周知,人的生活,要在"可能的"生活中寄托梦想,在"现实的"生活中寻求可能。学前教育对教师与幼儿来说,都是一种现实的生活,而且事实上它也是主要的生活。对教师来说,帮助幼儿幸福成长既是他们的工作,也是他们自身成长和幸福所在。对幼儿来说,成长是他们最重要的社会责任,也是他们帮助亲人和社会获得幸福的唯一方式。我们学前教育的现实状态并非人人满意,常常有悖于儿童和教师发展;学前教育的现实状态,常常远离幼儿和幼儿教师理想的生活目标，忽视幼儿和幼儿教师当下的生活需要。不少调查和周遭的生活经验都显示，升学压力已逐渐逼近幼儿园，不少幼儿已疲于应付各类所谓的兴趣班；而幼儿教师疲劳感较深，成就感较弱，同事关系满意度较低。

这意味着，在一个正常社会制度下，幸福同样可能与人至少是与部分人失之交臂。其中，可能是由于对个体需要缺乏了解，也可能是由于对儿童学习存在误区，而从根本原因上说，都与幸福观的偏差有关。这意味着，不仅学前教育中的幼儿需要幸福童年，而且学前教育的教师，也需要幸福的职业。我们要在把握幸福内涵的基础上，追寻幸福教育的意义，把幸福和幸福教育引入学前教育领域，创造和品读幸福的学前教育。

二、整体构建：把"幸福学前教育"拓展到家庭和社会

一方面，从外部环境上说，幼儿园和全社会都要高度重视幸福学前教育，树立科学的儿童观和学前教育观。

提倡幸福的学前教育，是建立可持续发展教育的必然要求，关键是要有正确的学前教育观。全社会都要知道：让幼儿学会做人，比学会求知更重要；学会学习，比学会知识更重要；学会创新，比学会模仿更重要；优化非智力因素，比单纯智力开发更重要；个性健康发展，比所谓"平均发展"更重要；积极主动的自我发展，比消极接受、被动塑造更重要。教育内部在推进素质教育时，也应呼吁全社会加强对幸福学前教育的关注。既要关注教师，切实落实他们的权利，又要关注幼儿，落实他们充分游戏的权利。

幼儿园和社会，要进一步宣传和明确：育儿如育苗，要重视幼儿的需要，关注幼儿的可能生活。学前教育是启蒙教育，超越幼儿身心发展水平的教育，无异于拔苗助长。社会和家庭要为孩子创设感受幸福的环境。成人应以良好言行和精神生活影响幼儿，努力让幼儿拥有一个幸福的童年。只有这样，学前教育才能与儿童的需要和兴趣联系起来，与儿童的发展联系起来，使他们最终走进幸福的生活。

家长也要学会用科学的态度看待学前教育。儿童的幸福，是与其精神世界成长相联系的：一切有利于儿童精神世界成长的活动，都会给儿童带来幸福；一切违反儿童身心发展的活动，对儿童来说，均无幸福可言；任何急功近利的做法，都可能摧残幼儿的幸福。反思教育现实，我们时常看到的恰恰是这种情景，而这正是导致幼儿（进而是幼儿教师）难以体验幸福的重要根源。

为此，我们也要关注幼儿教师。无论是幼儿园、家长还是社会，都应当知道，用一些急功近利甚至盲目的期望要求幼儿教师，也会给教师心理施加压力甚至使他们产生抵触情绪，使教师难以体验到工作的快乐。幼儿园和整个社会，都来关心教师的生活和发展需要；赋予和尊重教师教学自主权；为教师创设宽松的教学环境，让他们在工作中获得成就感，从职业成长中体验到幸福感；引导教师和幼儿共同建构幸福的学前教育生活。

另一方面，从主观努力上说，幼儿教师对自己要有准确的定位，努力提高职业幸福能力。

教师岗位是幼儿教师人格升华、实现职业价值的主要途径。艺术家、仲裁官、厨师、裁缝、清洁工等称呼，从某种意义上体现了幼儿教师的真实含义：繁忙与琐碎、责任与压力、忙碌与疲倦，多样一体。为此，我们要有一颗平常心和充满自信、自尊的人格魅力，坦然面对人生，宠辱不惊；用一份爱心，获得每个孩子的心。这种被需要被尊重的体验是幸福的，也是别的工作难以体会到的。

三、学会爱和奉献：教师要在敬业乐群全程中寻求幸福感

作为在托幼机构中对学前儿童施加教育影响的专业人员，幼师工作具有特殊性——工作任务的全面性与细致性，工作对象的主动性与幼稚性，工作过程的主体性与创造性。她们既是整个教育活动的组织者和实施者，又是幼儿身心健康发展的引导者和支持者。所以，每位幼儿教师，都应当学会爱和奉献，寻求和创造学前教育的幸福，在敬业乐群的职业生命全程中品读幸福感。

第一，要学会热爱。幼教工作的核心是爱，教师要主动接近幼儿，用教师博大的爱去理解、宽容、尊重和关心每个孩子，使他们感受到母爱般的温暖。课上，用亲切的态度、夸张的表情吸引幼儿的注意；课下，和孩子一起玩耍；孩子们在用餐、喝水时，悉心照顾，事事关注，并随时观察他们的身体健康状况……走进孩子的内心世界，成为他们的好朋友，让每个幼儿都获得最大的快乐和进步。在实现师幼和谐过程中，了解"爱"字的结构，懂得"爱"字的内涵。

第二，要学会奉献。幼儿教师很辛苦，在她们中间流传着这样一句话："在幼儿园像一条龙，在家像一条虫。"因为幼儿各方面能力有限，几乎所有的事情，都要教师亲历亲为：永远做不完的教具、创设不完的环境、做不完的案头工作、无休止的评比，还有孩子们提不完的问题、告不完的状、系不完的鞋带、擦不完的鼻涕……这些工作，不但需要教师的耐心、细心、诚心和责任心，更需要她们"默默无闻，无私奉献"的精神。儿童今天的幸福，就是人类未来的幸福。幼儿教师正是在这样的劳累中创造快乐、感受快乐、品读幸福。

第三，把幸福贯穿职业生活全过程。幸福教育的目标，就是要回答好幼儿生活价值的问题。这需要教师自我提高，为幼儿成长意义的获得提供有效支持。同时，教师在实现教育才智过程中也体验着幸福。幸福教育的内容，包括生活幸福和学习幸福两方面内容，涵盖对幸福人生的初步展示，努力为幼儿提供体验幸福的机缘。如选择生活中的典型事例来探讨价值观问题，促进幼儿以亲子、师幼、幼幼等为平台处理自我、人我、人与环境的关系。幸福教育的方法，是教师作为支持者，帮助儿童分析解决问题，学习迁移，通过师幼互动和教师协作，师幼双方共同获得幸福的智慧与技巧。

总之，学前教育作为教育事业的发端，承担着为青少年后续学习作准备的任务，它通过对学前儿童的保教，促使他们在体、智、德、美各方面全面发展，从而为提高家庭生活质量与保障家庭幸福作贡献。幸福的学前教育，需要大家共同努力，尤其是作为幼教工作者，我们更要乐在其中，自觉践履幸福教育理念。园长要热爱工作，以园为家，努力给幼儿教师松绑，把好心情带给教师；把幸福渗透到园所教育的各个环节和过程的始终。幼儿教师也要追求境界，既能置身其中，又能超然其外；努力将幼儿快乐成长过程视为自身生命增值的过程，把好心情带给幼儿，从而在工作奋斗中享受幸福。

（吴玲　葛金国）

附录：学前教育的理论流派

狭义的学前教育理论流派，是指某位学前教育家的理论得到传播和应用而形成的派别。广义的学前教育理论流派，泛指某一时期内持相同或相近理论主张的人所形成的学前教育派别（其理论源头常常是多样的）。本文的学前教育理论流派是广义的，主要是指西方影响学前教育发展的理论流派。

一、学前教育理论的渊源和萌芽

就西方而言，早在古代希腊，哲学家柏拉图就主张儿童公有、教育公有，最早论述了儿童优生问题，提出幼儿教育内容应包括讲故事、音乐、绘画、体育、游戏，首次对游戏作了理论阐述。文艺复兴晚期，捷克教育家夸美纽斯编撰世界第一本学前教育专著——《母育学校》，并为儿童编写了《世界图解》作为教材。思想启蒙时代，英国哲学家洛克提出著名的"白板说"，肯定了儿童教育的可能性和价值；法国思想家卢梭提出著名的"自然教育"；裴斯泰洛齐倡导并实施爱的教育，强调教育要适应儿童身心自然发展的要求。

二、现代西方学前教育的理论流派

1. 欧文学前教育理论流派

该流派发源于英国，是以欧文等人的幼儿学校理论的传播和应用为特征而形成的，代表人物是欧文和怀尔德斯平（S. Wilderspin）。欧文主张幼儿学校"尽量使小朋友快乐"，为此他提出了不责骂或处罚儿童、教师表情要亲切等教育原则，教育内容涵盖体、智、德、美等方面。

2. 福禄倍尔学前教育理论流派

该流派发源于德国，因福禄倍尔学前教育理论的传播、应用而形成，理论代表是福禄倍尔及其支持者。参见本书"福禄倍尔：幼儿园之父"专题。

3. 蒙台梭利学前教育理论流派

该流派发源于意大利，是围绕蒙台梭利的学前教育理论传播、应用而形成的，理论代表是蒙台梭利及其支持者。参见本书"蒙台梭利：'蒙氏教育'的当代价值"专题。

4. 进步主义学前教育理论流派

该流派主要出现在美国，是以杜威教育思想为指导而形成的流派，代表人物有杜威、帕蒂·希尔（P. S. Hill）、爱丽丝·坦普尔（A. Temple）等，他们对福禄倍尔和蒙台梭利的思想都有所批判。他们的基本主张和行为有：重视教育与生活联系；在肯定福禄倍尔理论部分合理的同时试图否定"恩物"主义和象征主义；对儿童发展进行实证研究。

5. 苏联学前教育理论流派

该流派出现在苏联，在冷战时期的东方阵营有重要影响。该流派是以马列主义为指导而形成的学前教育理论，以其鲜明的政治主张为标识，重视学前教育机构的教学工作是其特色，代表人物有克鲁普斯卡娅、乌索娃、福辽莉娜等。

三、当代国外学前教育理论流派

1. 新行为主义学前教育理论流派

该流派受新行为主义影响而形成，代表人物是美国心理学家斯金纳。斯金纳提出操作性条件反射理论，认为教学就是通过控制刺激（即强化）塑造和形成学生正确的行为。该理论指导设计的课程目标之一，是帮助处境不利的儿童发展智力，从而促进社会平等。恩格尔曼、贝雷特的课程方案，DARCEE 早期训练计划，阿帕拉齐尔早期教育课程方案等，均属此类。美国"开端计划"中许多学前课程方案也是在此理论指导下设计的。

2. 建构主义学前教育理论流派

"建构主义"是 20 世纪西方重要的哲学思潮，而建构主义学前教育理论则是在结构主义心理学影响下形成的，代表人物是瑞士心理学家皮亚杰。皮亚杰提出的儿童认知发展结构、阶段以及儿童道德发展的理论为该流派的产生奠定基础。儿童主体与环境间的相互作用或者说儿童的主动建构，是儿童获得新经验、促进认知结构发展的动力；儿童认知发展的结构称为"图式"，其变化机制是"同化""顺应"与"平衡"；儿童认知发展分为感知运动、前运算、具体运算和形式运算等四个阶段；儿童道德发展的阶段表现为：0~2 岁的感知运动阶段、2 岁到 6、7 岁的"他律"阶段、6、7 岁到 11、12 岁的"自律"阶段、11、12 岁到 14、15 岁的"公道"阶段；教育的主要目标在于形成儿童智力和道德推理能力，发展儿童的认知结构；儿童教育的基本原则是，配合儿童认知发展顺序，以儿童为中心发展其主动性，强调兴趣与需要的重要性，重视活动在教育中的作用。

3. 人本主义学前教育理论流派

该流派是指受到人本主义心理学影响而提出的各种学前教育理论。人本主义心理学以人的价值及人性探索为使命，形成于 20 世纪 60 年代。代表人物有马斯洛、罗杰斯等。马斯洛在健康人研究基础上提出人的需要层次理论，罗杰斯提出"非指导教学"的理论。

4. 多元智力学前教育理论流派

该流派指受美国心理学家加德纳多元智力理论影响而形成的学前教育理论或方案。加德纳认为，传统智力理论所说的人类认知是一元的，个体的智能是单一的、可量化的观点是错误的。其实，人的智力多种多样，是一种多元共存。这些多元智力包括语言智力、数理智力、音乐智力、空间智力、自然智力、身体运动智力、人际关系智力和自我反省智力等。多元智力理论为学前教育的改革提供了新的理论根据。

5. 美国发展适宜性学前教育理论

该理论是指全美幼教协会在推行发展适宜性学前教育实践时，所提出或应用的一些理论观点。其特点是将各种学前教育成果综合应用于一个方案中。其主要思想实践有：构建充满爱心的学习者社区，教学应促进发展与学习，制订实现重要目标的课程，评价儿童的发展与学习，与家庭建立互动的关系。

总之，学前教育理论作为人们教育价值思考和实践探索的结果，对学前教育工作具有重要影响。可以说，有多少种教育哲学就有多少种学前教育理论。无论是泛智教育论、绅士教育论、一般发展论、终身教育论，还是自然主义、要素主义、科学主义、实用主义、建构主义等，都无一例外。

（吴玲　葛金国）

延伸与讨论指南

● **学前教育是否属于义务教育？能否属于义务教育？**

目前我们国家学前教育不属于义务教育阶段，从全世界范围来看，把学前教育纳入义务教育的国家也不多，但一些国家实现了学前一年教育的免费，并逐步推进学前教育的免费化。在我国九年义务教育稳固的基础上，有个向上（高中）或向下（幼儿园）延伸的问题，我们建议向下延伸，可先实行学前一年的免费教育。从长远来看，学前教育纳入义务教育是可能的。

● **国家对学前教育应承担何种责任？**

学前教育具有基础性、公益性、普惠性，这就意味着办好学前教育是国家应尽的职责。学前教育目前不属于义务教育，但绝不意味着政府可以不对学前教育承担责任。政府应该大力发展公办园，积极扶持民办园，保证所有适龄儿童能够接受有质量的学前教育。政府应该是学前教育成本的主要分担者，要考虑普通家长的经济承受能力。

● **一些人认为：许多人没有上过幼儿园，但丝毫不影响他的成功。你如何评价这个观点？你如何理解学前教育的价值与作用？**

在学前教育普及率不高的时代，这样的现象是存在的；在学前教育日益普及的今天，这种情况可能只是个案。学前教育作为基础教育的起始阶段，是基础的基础，其重要性毋庸置疑。学前教育阶段不仅仅是接受知识，习惯养成、个性健全、学习兴趣等更加重要。当然，有质量的学前教育才能保证其价值的实现和作用的发挥。

第二辑 学前教育的基本规律

- 学前教育的规律体系
- 孰主孰次：学前社会教育与学前家庭教育
- 孰重孰轻：学前儿童保育与教育
- 孰优孰劣：分科教学与活动游戏
- 家园共育：以生活教育为核心

导　　读

本辑包括 5 个专题和 1 个附录，以学前教育规律和基本矛盾为线索展开。

"学前教育是什么"，回答的是学前教育的本质问题；"学前教育怎么样"，回答的是学前教育的规律问题。对于学前教育事业发展来说，思想是先导，物质是保障，体制是依据，师资是前提。

本辑首先致力于厘清规律，在对百余年中国学前教育全景式回顾的基础上，概括出三对基本矛盾关系——家庭教育与社会教育、保育与教育、分科课程与综合（活动）课程，希望以此为切入点，对我国学前教育发展的内部基本矛盾关系进行思考，为当代学前教育改革发展提供历史性借鉴和趋势性预测。通过本辑讨论，我们力求正确处理学前教育发展中的基本矛盾，遵循学前教育事业发展的科学规律。

根据对以上基本矛盾关系的认识，我们提出"以生活教育为核心，构建家园共育新模式"。也就是说，幼儿园保教质量的提高，不仅要靠幼儿园，还要发挥家庭的作用，以生活教育为核心，整合家教资源，构建家园共育的良好环境。

本辑的附录提出了"四教统合"的学前家庭教育最佳组合。言教、身教、境教、自教——"四教统合"，是我们对现代学前家庭教育方式的一种概括，它们各有特点和优势。"四教统合"的实质是，我们要把握各种方式的利弊长短，通过系统化综合，提高各具体教育方式运用的实效性。

1. 学前教育的规律体系

中日三所大学联合进行的比较研究表明：狭隘的超前教育对孩子发展不利。两国的专家分别对本国 3~7 岁的幼儿进行了测查，结果表明在 18 类指标中，中国儿童分辨数的概念、分类、时间、序列等能力较日本孩子强，而在运动、组合、容积、空间转换等方面日本孩子较强。参与此项调查的杭州大学儿童生长发育和智能发展研究中心主任徐云认为，这次的测查结果暴露了当前我国幼儿教育中存在的一些误区。主要是我国对幼儿过早地进行以数学、文字为主的所谓"早期教育"，而不注意培养幼儿的空间转换、形体感知、想象力和创造力，结果使其左脑的智力发展比右脑超前，从而影响了幼儿左右脑的均衡发展，具体表现为孩子的逻辑推理能力较强，而想象力和动手能力较弱……幼儿对数的概念接受多了，往往较难适应日后正规的教学程序，结果许多"神童"上学后成绩并不突出。调查还表明，日本小孩子合作精神较强，而中国小孩子以自我为中心的主观意识突出，这不利于中国孩子将来在社会中生存。①

深入探讨学前教育的本质属性与规律体系，是学前教育学科体系建设的基本任务，也是理论有效服务于实践的基本保证。但是，这一基本任务被人们淡忘了。本专题从理论与实际结合上探讨，力求把握学前教育的本质，顺应学前教育规律。

---

① 超前幼儿教育可能影响大脑均衡发展：学前教育研究，2000 年第 2 期

一、育儿如育苗，学前教育是启蒙教育，不能拔苗助长

过于超前的幼儿教育，对孩子的智力发展不一定有利，反而有可能会影响孩子左右脑的均衡发展，影响儿童未来的创造性。

这些误区，可以概括为三个方面：一是"狭隘"，二是"超前"，三是"过度"。

所谓"狭隘"，即早期教育狭隘化，又称神童化早期教育，主要指对幼儿过早地进行以数学、文字为主的所谓"早期教育"，结果影响了幼儿左右脑的均衡发展，使他们空间转换、形体感知被抑制，想象力和动手能力较弱。与此同时，本来用于"超常儿童"（即神童）的教育，又被"扩大化"到许多常态儿童。结果，许多"神童"后来的表现平平，创造性较一般人弱，甚至酿成人间悲剧。

所谓"超前"，即把早期教育等同于"超前教育"，过早地对幼儿进行超越他们年龄特征和正常身心发展顺序的教育，也就是将教育时间大大提前。如让0~3岁的孩子掌握3~6岁孩子应掌握的知识，幼儿学习小学的课程，小学时学习中学的课程。结果事倍功半、劳而无功，欲速则不达，影响了孩子正常的身心发展。许多家长认为，孩子乱涂乱画、乱拆东西是顽皮和捣蛋，其实，好动好玩，热爱游戏是孩子的天性。

所谓"过度"，即教育供给超过发展需求，这里主要指超出学生当前和未来生活需求的教育。如家庭过度的保护、过分的唠叨；学校过多的作业、过量的学习……过度教育使教育本身从促进人发展变成对人的"摧残"。结果，浪费了教育资源，加重了幼儿负担，损害了他们的健康。纠正过度教育，需要家庭、学校、社会甚至受教育者个体共同参与，综合治理。

育儿如育苗。"狭隘""超前""过度"的教育，是早期教育和学前教育的异化。学前教育是启蒙教育，不等于及早教育，更不等于超前教育，幼儿园不宜小学化；不能搞"神童教育"，不能搞"超前教育"，不能搞"过度教育"；超越幼儿身心发展水平和年龄特征的教育，拔苗助长，必然于事无补，甚至适得其反。

二、重在过程，赢在终点：学前教育要把握本质、顺应规律

我们认为，学前教育由教育者、受教育者和教育影响等要素构成，是一个具有自由性的子系统。作为教育的初始阶段，它以学前儿童为教育对象，有其自身的性质、功能、价值，其有实施机构、体系制度，以及基于各国不同历史条件下形成的实践模式，因此学前教育发展中必然存在着自身所固有的规律。学前教育的规律也表现为内部外部、不同层面的序列，体现为学前教育的外部规律与内部规律、基本规律与特殊规律。

学前教育的外部规律，指向与社会及其要素间客观而必然的关系。例如，学前教育与人口态势、法规制度、科技水平、经济状况、文化习俗、自然生态等外部因素间的关系；既表现为外部系统对学前教育的制约或支持，也表现为学前教育对外部系统的特定贡献和作用。学前教育的内部规律，指向自身诸要素间客观而必然的联系。如宏观的教育目标、任务、内容、组织之间的关系，微观的保育教育关系、师幼关系、内容设计、一日活动中教学与游戏的融合等，这些都是学前教育内部规律在不同层面上的体现。与学前教育外部规律对应的是宏观调控系统，与学前教育内部规律对应的是微观运行系统。就前者来说，学前教育的性质与任务、政策与法规、投入与体制、组织与学制等构成了学前教育发展的宏观调控系统。就后者来说，主要是指针对学前儿童身心发展而施加教育影响的实践，如环境创设、一日生活制度、课程计划、游戏活动组织、家园联系等。显然，宏观调控系统要遵循学前教育的外部规律，它的运作状况直接影响着学前教育发展的方向和水平；微观运行系统要遵循学前教育的内部规律，它的运作状况直接影响着儿童身心发展的方向和水平。

学前教育的基本规律，是学前教育规律中具有普遍适用性的规律，它存在于一切学前教育现象并贯穿于整个过程。学前教育特殊规律是反映其不同时期不同领域的特殊性规律，具有局部性、具体性。从二者关系来说，特殊规律是基本规律的具体化，基本规律是特殊规律的概括。学前教育的规律在不同维度和不同层次上的关系，可参见"学前教育的

规律体系"。

学前教育规律体系

层次高低 \ 关系类型 关系向度	外部规律	内部规律
基本规律	外部基本规律	内部基本规律
特殊规律	外部特殊规律	内部特殊规律

需要指出的是，在一般情况下，一个事物的定义，是能够体现和反映该事物的本质和规律的。顾明远先生主编的《教育大辞典》给予教育的定义是：教育是传递社会生活经验并培养人的社会活动。通常认为，广义的教育"泛指一切影响人们知识技能、身心健康、思想品德的形成和发展的各种活动"。参照这一"体例"，所谓学前教育应该"泛指一切影响幼儿知识技能、身心健康、思想品德形成发展的各种活动"。从上述界定中，我们可以看出学前教育本质和规律的"端倪"：学前教育的本质是影响幼儿身心发展的各种活动，学前教育的规律是影响幼儿身心发展各种活动过程中发生的内外部客观必然的联系。

学前教育的规律，集中体现为"学前教育原理"（也就是常说的学前教育基本理论）。就其内部教育教学的规律而言，学前教育基本理论体现在思想上，有四大基本理念需要明确：儿童发展的整体观，幼儿主体参与观，幼儿发展的多因素相互作用观，以游戏活动为主的基础途径观。同样，学前教育基本理论体现在工作中，也有四大基本原则需要遵循：多方参与、相互配合原则，面向全体、因材施教原则，保教并重、一体促进原则，游戏引导、寓教活动原则。幼教工作者要不断完善自身素质，把握本质，顺应规律，明确职责，优化师幼关系，努力提高工作的质量和效益。

与此相关，"学前教育学"也有两个含义。一是作为教育学科分支的学前教育学，它可以进一步分为学前教育概论、学前儿童发展、学前教育课程和教学论、学前教育管理、学前教育史、学前比较教育等领域。1861年，福禄倍尔生前发表的15篇有关幼儿园教育的论文被汇集出版，取名《幼儿园教育学》，这是世界上最早以幼儿园教育学命名的著作，标志着学前教育学的独立。二是作为高校学前教育专业的基础课程的学前教育学，也称为"学前教育原理""学前教育概论""幼儿教育学"；它在学前教育专业课程设置中居于基础和核心地位，是随着幼师教育的兴起、分化而产生的。

（田娜娜）

2. 孰主孰次：学前社会教育与学前家庭教育

　　李剑萍博士在《二十世纪中国幼儿教育矛盾问题的历史研究》中说，纵观百余年学前教育的主要矛盾问题及其现代化历程，可以得出一条基本的规律性认识："每当幼儿社会教育即公共幼儿教育的地位抬升之时，保教关系中教育的价值往往亦随之加强，反映到课程领域，便是分科课程大行其道；反之，每当家庭教育在幼儿教育中的地位复苏之日，保教关系也必然作出相应调整，保育的价值重新受到重视，而在幼儿园中，综合课程、活动课程也同时趋于活跃。这可谓幼儿教育中，'学习教育'与'自由教育'的根本分歧，在不同时期不同方面的差异性表现与互动性运行。"这是很有见地的。

　　20世纪初，是中国近现代教育制度的确立时期。1903年设立的"湖北幼稚园"，是中国最早的公共幼教设施。在百余年发展历程中，中国学前教育除了受到外部社会因素的影响，始终保持着自身的运行规律，它还表现为若干基本矛盾的演绎。我们在对中国学前教育历程全景式回顾的基础上，概括出三对基本矛盾关系——家庭教育与社会教育、保育与教育、分科课程与综合（活动）课程，希望读者以此三对关系的思考为切入点，对我国学前教育发展的内部基本矛盾有所把握。

一、学前社会教育的产生

现代意义的公共幼儿教育设施，最早正式出现于19世纪初的欧洲。

但是，中国自古便有"教子婴孩、豢养圣功"等重视学前教育的传统。在漫长的古代社会，婴幼儿的教养，几乎全部在家庭或家族中进行，加之古代社会接受正规学校教育的儿童极少，因而，家庭教育在幼儿成长中拥有毋庸置疑的价值。学前家庭教育具有早期性、全面性、情感性、灵活性和渗透性的优势和特点。

及至近代，西学东渐，公共幼儿教育机构出现，我国学前家庭教育的地位受到挑战，渐有一统天下至退守半壁江山之势。在当代，学前社会教育更是形式多样，如幼儿园、托儿所、日托中心、保育学校、保育所、学前班、儿童游戏场、儿童活动中心、早教中心等，其中，幼儿园、托儿所、学前班（简称托幼机构）是我国学前教育的最主要的形式。作为公共教育，托幼机构所实施的学前教育，具有社会目的性、计划预设性、专业组织性等优势和特点。与此相关，社会呈现转型，传统家庭制度分崩离析，现代家庭制度将立未立。公共学前教育机构的弊端也有暴露。

人们不禁要问，在学前教育中，家庭教育与社会教育，到底孰优孰劣？家庭教育真如有些人说的可有可无？倘若家庭教育不尽如人意，是改进之以合人意，还是舍弃之以快人心？社会教育弊端重重，是否说明家庭教育确乎不可少？等等。在这一连串疑问中，家庭教育与社会教育，构成了学前教育中的矛盾统一体，分分合合，激荡百余年。即使在西方，近期也还有人提出"教导幼童是家庭和父母不可推卸的神圣责任"。因此，时至今日，学前社会教育与学前家庭教育到底孰主孰次，还是一个需要讨论的问题。

二、激进主义、保守主义和现实主义

前事不忘，后事之师。思想是先导，物质是保障，体制是依据，师资是前提。

20世纪最初二十多年，信仰教育救国的中国人，试图从西方教育中寻找强国之路，于是，儿童公育思想成为主流。从思想角度说，当时中国学前教育思想，大多源于对西方教育思想经验的直接学习；西学东渐的历史，也是中国近现代主流的学前教育思想演变历史。中国近代儿童公育思想的代表，是康有为、蔡元培、恽代英和五四时期的一批文化激进主义者，他们分别从空想社会主义（大同社会）、民主主义、马克思主义和新文化运动立场诠释自己的观点和主张。

从体制角度说，传教士在华的教育活动，使中国学前教育开始在体制外实现家庭化向社会化的转变，这促进了中国学前教育体制内的变革。1904 年，清政府的《奏定蒙养院章程及家庭教育法章程》，确立了家庭教育与社会教育相结合并以家庭教育为主的学前教育发展思路。民国初年，对此基本沿袭。由此，中国学前教育体制演变，伴随着传教士活动，由体制外改革转为体制内改革。

从师资角度说，女子受教育，是学前教育由家庭化向社会化转变的前提；而教育史上"女禁"的解除，则是学前教育社会化的内在条件。所谓"无师不成学，有师方有教"。

但是，实际生活中，尽管知识精英阶层有了思想主张，但落后的中国缺乏兴办学前公育的基本条件——物质条件和师资条件。加之当时公共教育机构刚刚起步，现代学前社会教育机构微乎其微，与数以千万计婴幼的需要相比起来，可谓沧海一粟。因而教养幼儿的职责，仍主要由家庭来承载。正是在儿童公育的理想呐喊与家教为主的现实落差中，中国近现代学前教育仓促起步，蹒跚而行。上溯张之洞，有感于日本教育的亦因亦革及其中体西用思想，开始了我国学前教育的体制改革；下至21 世纪，我国学前教育"家园共育"的本土化探索，无不体现着学前教育与社会关系的规律。其间产生的许多教育思想和实验成果，至今仍然值得学习。

抚今追昔，在推进学前教育现代化进程中，始终贯穿着三种鼓点，有激进主义（理想主义）者的慷慨，有保守主义者的迟疑，也有现实主义者的权衡。救亡与复兴的焦虑和使命，总是挤压着百余年来的先进的中国人。各种思想主张和实验方案不断提出，"你方唱罢我登场"。从微观看，"赶潮流"和"一边倒"是其中的主色调；从宏观上看，虽然大家"来自五湖四海"、基于各种立场观点，但多是为了"同一个目标"，因此，激进主义、保守主义者及现实主义者，在事实上共同操纵着中国学前教育发展的航向。试想，假如没有"左派"的摇旗呐喊，不殚前驱，恐怕很难有现代学制确立之初便将学前纳入其中；假如没有"右派"的左顾右盼，瞻前顾后，在条件不足情况下简单推行"公育"，会使多少婴幼儿处于"舅舅不疼，姥姥不爱"的境地；假如没有"稳健派"尊重现实下的通盘考虑和利弊权衡，中国传统家庭教育的传统和优势可能断裂，学前教育的曲折和损失可能要多得多、大得多。不过，"一边倒"的现象无论在理论上还是实践上，在中国很容易出现，这是要尽力防止的。

三、学前教育社会化的历程

纵观百余年中国学前教育历程，在学前教育由家庭化向社会化的转变中，既有成功经验，也有失败教训。这里主要回顾客观历程，不作更多评价性阐发。

清末民初的幼儿教育，激进的公育论者，虽言必称福禄倍尔，却忽视了他思想的重要方面，即公共学前教育要与家庭教育相结合。造成这种忽视的原因，除了对外国教育思想缺乏整体把握难免按需取舍，更反映了中西方在教育现代化启蒙上的重要区别。这似乎是过往中国思想家的心路背景和内在逻辑。现在看来，是多么的简明，又是多么的幼稚！

20 世纪 20 年代中期开始，陈鹤琴、张宗麟等人受杜威进步主义教育影响，重新思索二者在学前教育中的关系。他们一改过往单纯强调对立，转变为强调统一，开始注意幼儿园与家庭的联系。此前儿童公育论者认为，中国家庭经济状况不良，家庭教育落后，只有依靠社会机构，才能实现儿童健康发展；这时的家园联系论者认为，正因为家庭经济状况不良和家庭教育落后，幼儿园才更应主动与之联系促其改善。这一辩证思维，为中国 20 世纪学前教育的"中西合璧"开辟了新天地。由此，"家园联系"和"家园共育"，在我国学前教育中逐步形成共识，得以推广并最终纳入体制。从此，中国现代学前家庭教育的研究，开始真正起步。

红色根据地时期和新中国成立后的 30 年，中国的学前教育事业，即社会公共机构取得了举世瞩目的发展，规模迅猛扩展。尽管决策者有时也知道限于条件，即在当时很难真正实现儿童公育，但他们仍然是孜孜以求。根据地的艰苦条件，也没有阻碍这种追求，尽管那时儿童公育带有战时共产主义色彩。新中国成立初期，百废待兴，决策者无暇顾及。随着"教育革命"和"教育大跃进"，家庭教育在理论和实践上被无情贬低，社会教育与家庭教育、集体主义与家庭生活、共产主义与殷殷母爱被对立起来；学前家庭教育与学前社会教育的正常关系，被严重扭曲，明确提出并实行"儿童教育要以社会教育为主"的方针。

随着改革开放，我国学前教育中家庭教育的地位受到尊重，家园联系的必要性被重新强调。随后，还有《幼儿园工作规程》和《幼儿园教育指导纲要（试行）》等重要法规，明确规范"家园联系"问题，并且逐渐强调幼儿园的"主动"。这表明家庭教育的价值重新得到"体制性"确认。与此同时，随着经济体制转轨、社会逐渐转型，我国出现了学前教育社区化趋势。这一趋势既给原有公办学前教育带来挑战，也为幼教民营和学前教育社区化创造了契机，更深刻影响了学前教育中家庭教育与社会教育的关系。

立足新世纪，家庭的价值与家庭教育的内涵，也在不断拓展。我们认为，在审视与建构我国学前教育中"家社关系"时，要重视"社区学前教育"具有的中介联系性、基础条件性和影响整合性等方面的特点，通过它联系幼儿园、家庭和社会，充分发挥"天时、地利、人和"与"全方位、全过程、全整合"的得天独厚优势。具体说来，就是力求把握五个要点：①学前教育需要家园合作，以共同防止双方越来越严重的小学化冲动；②开展终身教育理念指导下的"双亲教育"，促进家教由经验型向理智型转变；③重新认识托幼机构"家庭化"对于学前儿童的特殊意义，实现顺畅的"家园衔接"；④充分利用祖辈教育资源，借鉴传统中国家族聚居模式，构建以城乡社区为依托的新型学前教育体系；⑤以学习型家庭和学习型幼儿园创建为平台，促进封闭家园向开放家园的转变，注重发挥双亲示范在学前儿童个性化发展中的独特效用。

（吴玲　葛金国）

3. 孰重孰轻：学前儿童保育与教育

一、保育与教育的关系

在学前教育中，"保育"与"教育"是一组对称概念。

通常说来，"保育"指的是对婴幼儿提供生存发展所需的环境条件，给予身体保护、养育和精心照管，以帮助幼童身心获得良好发育，提高生存能力，促进健康发展。广义的保育，包括对婴幼儿身心两方面发展的保护和促进；狭义的保育，专指对婴幼儿身体的保护和养育。其实，对于儿童的"保育"包括许多方面，如对儿童权利的承认和保护，承认儿童也是人，而且是不同于成人的人；努力提高儿童在法律、道德方面的地位，保障儿童的基本权益等。此外，保育还包括了保障幼儿的安全，使他们身心两方面都免遭各种伤害等。而"教育"则是专业化社会机构，主要是学校实施的培养人的社会实践活动。

相对而言，"保育"比较强调个体化成长，注重生理、物质和安全；"教育"更强调社会性发展，注重德育、智育等更广方面。从理论和逻辑上说，在儿童发展的任何阶段，都应包括保育和教育两个方面，二者是有机统一的。只是从身心发展特征看，儿童年龄越小就越需要强调保育——婴幼儿身心特别脆弱，需要特别呵护。在整个婴幼儿阶段，若不注意保护和养育，会影响他们将来的生存和发展，这样的例子不胜枚举。也正因为如此，世界各国才把它作为评价儿童健康水平以及经济、文化、教育和卫生水平的重要指标。学前教育学中，也将二者关系专门提出，并构成了学前教育中的一对特有的矛盾关系。

新近的研究表明，不良的社会心理环境，也会影响儿童的生长发育。

如有些儿童由于经常遭受虐待和歧视，导致身材发育矮小，骨龄落后；而婴幼儿时期有些体征和不良行为，在眼前可能并没有显示出很大的危害性，但对未来的成长影响却是深刻的。

保育与教育的关系，更多地表现为对婴幼儿的"适应"与"促进"关系：保育更多地表现为教会婴幼儿"适应"与他人交流，教育更多地表现为对婴幼儿认知事物的"促进"；保育更多地针对婴幼儿身心的已有发展水平（必然性），教育更多地针对婴幼儿身心发展的"最近发展区"（或然性）。与此相关，如果处理不好，保育难以满足社会急迫的幼儿早期开发的诉求，教育则有急功近利的小学化之嫌。

显然，正确的"适应"不是一味迎合，而正确的"促进"也需顾及原有的发展水平。一百多年来的中国学前教育，正是试图在二者中寻找某种平衡点。

二、托幼机构发展史中的保育与教育

学前教育史表明，西方学前社会教育机构的出现，是与产业革命需要大量廉价劳动力联系在一起的。而我们则不同，中国的学前社会教育机构的出现，并不是贫民教育的产物，而是先进教育的代表。它几乎没有像西方那样，经历一个主要归属慈善的"单纯保育"阶段。事实上，中国学前社会教育机构在兴起之初就保教兼顾，甚至一开始就是"以教为主"。因此，迄今为止，在西方学前教育中谈保育，与在中国学前教育中谈保育，其中的意味恰恰相反。于是，在这种情形下，当时的幼儿园大多保教兼顾；如果有所偏向，那么就是重"教"而轻"保"，蔚然成风。

所以，在某种意义上说，轻视"保育"是一个具有"中国特色"的问题，其严重性远远超过中小学的"重智""轻德""弱体""阉美"。何以如此？从基本原因和最初原因来说有两个：一是历史原因。因为它迎合了传统——迎合了我国古代学前教育中重"教"传统：《三字经》云"养不教，父之过；教不严，师之惰"。养而不教，教而不严，被认为是为人父母、为人师长的失职，何况我们的社会普遍认为"严师出高徒"，于是，为了防止溺爱娇纵，往往矫枉过正，刻意抑爱节欲，以至于多严少慈。二是现实原因。因为它回应了现实的急迫需要——应答了中国近代内忧外患背景和救亡复兴主题。当时思想先进的中国人士在与列强抗争中，逐渐认识到兵战不如商战，商战不如学战，因此毁家（废庙）兴学，愤而兴教；其中，培育人才成为一时之焦点。由于学校是育才之所，层层施加和传递压力，于是身处下游的幼稚园奉行"重教轻保"就理所当然了。直接的原因是，清末民初中国的学前教育，是经由日本移植学习西方的，而日本的学前教育就属于"重教模式"。

在百余年发展历程中，从理论结合实际上审视我国学前教育中的保育与教育关系，确实时有波动。这些情节于宏观轨迹影响不大，但是对我们现在的改革很有启发。

20世纪20～30年代，受杜威教育思想和五四新文化运动的影响，"南陈北张"（陈鹤琴、张雪门）都主张儿童本位，提出以身体健康为首务。由此，保育地位得以提升，实践中重教轻保状况得到某种调整。全面抗战爆发后，国统区与根据地尽管都提出了保教并重、保教合一之类的口号，但战时面临更大实施困难。这些困难既来自物质条件的艰苦，更来自理念、体制，尤其是战争环境的限制。当时的实际情形大多是，能教可教的自然重教，不能教的只有重保。

建国后到"文革"前，"一边倒"政策使"苏联模式"盛极一时（它也有重教倾向），杜威实用主义教育思想，连带着陶行知的"生活教育"和陈鹤琴的"活教育"思想受到严厉批判。因此，尽管保教合一作为理论或政策的话语不绝于耳，但实践中保教分家、重教轻保已成定局；而"大跃进"风潮则使此种倾向愈演愈烈——这从政府对待幼儿园识字教育的态度便显而易见。单纯为缩短小学年限而将课程下移，其症结是"学制要缩短，教育要革命"。

"文革"结束后，进行改革开放，学前教育传统的重教轻保，又在新的急功近利语境（如市场竞争、早期教育、英才教育等）下被演绎。尽管1989年《幼儿园工作规程（试行）》以"幼儿园保育和教育的主要目标"的最新表述阐明了保育的独立地位和价值，其后正式颁行的《幼儿园管理条例》和《幼儿园工作规程》以法规形式得以确认。但是，从历史长河与总体上说，由于社会背景与时代主题没有变，所以中国学前教育，从来就没有出现像西方学前教育中的"有保无教""重保轻教"的情形；学前教育严重轻视保育、幼儿教育"小学化"的倾向不仅没有杜绝，而且大有蔓延之势。

20 世纪后期以来，国际性的以智能开发为导向的早期教育（英才教育），使世纪之交中国学前教育中的保育问题，不但没有减少，而且有过之而无不及。对此我们不可掉以轻心。

三、新时代的"保教合一"观

立足新世纪新背景，中国学前教育要积极总结正反两个方面的经验，在审视与建构我国学前教育中"保育"与"教育"关系、完善保教结合的理论内涵与实践策略时，具体要注意把握以下要点。

首先，借鉴基础教育中的素质教育理念，进一步明确"保教关系"和"保教结合"的精神实质与具体含义——根据婴幼儿年龄特征，促进其身心发展。从某种意义上说，"保教结合"的目的是"保教合一"，"保教结合""保教并重"只是手段（过程、外在标志），它是指保育与教育的相互渗透，扭结实施，是一而二、二而一的关系。因此，"保教合一"的提法更加准确。

其次，各方共同努力，减轻托幼机构的保教结合压力。学前教育是独立教育阶段，"幼小衔接"或"小幼衔接"是幼儿园与小学的共同责任，它们密切相关，但不是一个问题。幼儿园应当"眼睛向上"与小学衔接，小学也理应"眼睛向下"与幼儿园衔接。这一问题的有效解决还需要家庭、社会和主管部门的统筹规划。有条件的地区，可以借鉴法国经验，将"入学前最后一年和小学最初两年"作为连贯的"启蒙阶段"，统一组织教育教学。

再次，从体制机制入手为彻底解决二者关系提供保障。在我国托幼教育机构中，由于新中国成立初期学习苏联模式，把一线幼教工作者分为教师和保育员，各有自身职责（事实上教师素质要求得更高些），于是称为"保教结合"，实际蜕变为保育员与教师的分工协作，甚至是保育员协助教师工作，这从格局上了降低了保育的地位。为此，只有提高保育员的专业要求，并有步骤地将保育与教育合二为一，才能真正实现"保教合一"（"保教合一"后，原用"保育员"和"教师"可统称为"教养师"或"养育师""教养员"）。

（吴玲　葛金国）

4. 孰优孰劣：分科教学与活动游戏

关于中国"幼教百年"的思考，焦点之一就是幼儿园课程方面的经验教训。分科课程与综合课程，或分科教学与（综合）活动游戏，它们之间的关系到底如何？孰是孰非，孰优孰劣？走向何方？这既是一个贯穿始终的理论课题，也是一个具有迫切性的实践课题。

一、课程组织及类型在幼儿园课程中的体现

课程是指学校学生所应学习的学科总和及其进程与安排。广义的课程，是指学校为实现培养目标而选择的教育内容及其进程的总和，它包括学校所教的各门学科和有目的、有计划的教育活动。狭义的课程，是指某一门学科。课程的作用重大，它是教育教学活动的基本依据，是实现学校教育目标的基本保证，是学校一切教学活动的中介，还为学校进行管理与评价提供了标准。

从类型上可将课程分为分科课程、综合课程（整合课程）和活动课程。其中，综合课程（整合课程）和活动课程，都是以分科课程为前提并与之对立或相对而言的。从课程思想与理论的研究角度看，不同课程类型的选择，往往意味着知识观、教育观、儿童观、教育价值观的不同。课程改革实质上就是课程类型的转型，它不过是教育理念的更替而已。

分科课程，又称学科课程或百科全书式的课程，指从不同门类的学科中选取知识，按照知识的逻辑体系，以分科教学的形式向学生传授知识的课程。分科课程强调的是课程内容的组织形式，而学科课程强调的是课程内容固有的属性。分科课程具有悠久的历史，它的优点是：有助于学生系统地掌握科学文化知识，有助于教师组织教学和进行评价活动，

体现了教学的专业性、学术性。它的缺点是：容易轻视学生的生活经验，忽略社会现实需要，导致学科彼此间的割裂，限制学生思维的整体性和视野。

综合课程，又称整合课程或统合课程，指打破传统分科课程的知识领域，整合两个或两个以上学科领域所形成的课程。根据综合度及发展轨迹，其可分为若干类型：一是相关课程，就是在保留原来各学科独立性的基础上，寻找共同点，使它们的教学顺序能够相互照应、穿插进行。二是融合课程，也称合科课程，就是把有关科目统合成范围较广的新科目，选择对于学生有意义的论题或概括的问题进行学习。三是广域课程，就是合并数门相邻学科的教学内容而形成的综合性课程。四是核心课程，它是围绕一些重大问题组织教学内容，问题就像包裹在教学内容里的果核一样，又被称为问题中心课程。前三种课程都是在学科领域的基础上进行的知识综合的课程形式，它们打破了原有的学科界限，是旧的学科课程的改进和扩展；而核心课程则是以解决实际问题的逻辑顺序为主线来组织教学内容的。综合课程是针对分科课程的缺点，并作为其改进探索而产生的。综合课程的优点常常是分科课程的缺点，如重视学生思维的整体性，关注社会现实需要及其联系等；它的缺点常常是限制了分科课程的优点：如不利于学生掌握系统知识，不便于教师组织教学和评价等的发挥，教学缺乏专业色彩。

活动课程也称经验课程或儿童中心课程，它是与学科课程对立的课程主张和类型。活动课程以儿童从事某种活动的兴趣和动机为中心组织课程。因此，活动课程也称动机论课程。活动课程的思想，可以溯源到法国自然主义教育思想家卢梭。19世纪末20世纪初，美国的杜威和克伯屈继承和发扬了这一思想，杜威的课程常常被称为"经验课程"或"儿童中心课程"。活动课程是针对分科课程缺点并作为其对立面而产生的。活动课程的优点恰恰是分科课程的缺点，如重视学生的直接经验，重视社会现实需要及其联系等；它的缺点恰恰是分科课程的优点，如不利于学生掌握系统知识，增加了教师组织教学和评价的复杂性，教学混同、重复等。

课程是学校进行专业化教学的内容与组织形式。学前教育不是学校教育，但也是一种教育，所以，课程问题在托幼机构中也有某种体现，这就是"幼儿园课程问题"。随着托幼机构"制度化"程度的提高，这方面的问题也会愈来愈突出。

二、中国百余年来幼儿园课程的历史轨迹

百余年来，中国各种学前教育思想消长分合，自然也会反映到课程领域。分科课程、综合课程与活动课程的思想实践，常常以与中小学中相类似的形式表现出来，即分科课程与综合课程的对立统一关系。纵观历史，我们发现，在学前教育中，每当分科课程统治之时，幼儿园中分科教学常常占据主导地位；每当综合课程兴盛之时，活动课程往往得以复兴，游戏也常常占据突出地位。

20世纪20年代中期以前，学前教育中分科课程几乎一统天下。清末规定，蒙养院课程分为游戏、歌谣、谈话、手技四科，民初沿用之。当时的中国，到处弥漫着赫尔巴特的传统教育学派的气息。

20世纪20年代中期以后，受五四新文化运动和杜威教育思想的影响，陈鹤琴、张雪门等人，先后进行了课程改革实验：留学西洋的陈鹤琴与土生土长的张雪门，课程主张如出一辙，南北呼应；流风所及，带有活动性质的综合课程逐步兴起。其精神最先体现在1928年《幼稚园课程暂行标准》，最终在1932年《幼稚园课程标准》中得到确认，从此成为幼稚园课程的主流。陈、张所主张的综合课程，是具有活动课程内容的综合课程，实质是"核心课程"或"问题中心课程"。

新中国成立后，学前教育内容主要学习苏联的分科课程，教育课程走向发生根本转折，陈鹤琴的"单元课程"被全面批判、彻底否定。综合课程尤其是活动课程被指为资产阶级课程而废弃。从此，分科课程"一统天下"数十年之久。进入80年代，分科课程大一统的局面有所松动，但它的绝对主导地位依然稳固。重分科、轻综合，重上课、轻游戏的倾向愈演愈烈。与此同时，各种幼儿园课程实验渐次兴盛，矛头直指向分科课程。

20世纪80年代初，赵寄石、唐淑等人与南京实验幼儿园，率先从非

常具体的角度提出了综合课程问题，逐步建立起幼儿园综合教育课程模式，引起巨大反响。1985 年，全国幼儿教育研究会成立"幼儿园课程结构改革"课题组后，改革势头不减。课程类型除综合课程外，还出现了活动课程、游戏课程、发展课程、合作课程等，每一类型又有多种实施模式或方式，开始了幼儿园的"整体改革"。在这种改革浪潮的催动下，从 1989 年《幼儿园工作规程》开始试行，为多元化课程实验提供了政策法规依据。

到 21 世纪初，分科课程虽然仍居主导地位，但那已不再是政府的强制行为，而可能是由于历史惯性、社会压力和各个幼儿园的自由选择。

三、借鉴中外课程改革经验，探索学前教育多元化课程发展模式

课程是文化的载体，课程问题永远是教育的中心问题。立足新世纪，在基础教育课程改革的大背景下，中国学前教育要积极总结正反两个方面的经验。在思考我国学前教育中的问题时，既不能简单附和与等同，也不能漠然处之。我们要注意适应多元文化的需求，借鉴中外课程改革经验，提倡百花齐放、多样综合，努力探索学前教育多元化课程发展的新模式。

首先，立足于学前教育课程问题的特殊性，不跟随中小学课程改革亦步亦趋。在高等教育、中小学教育中，综合课程与活动课程并不是一回事，但在学前教育中二者则几乎等同。显然，任何课程主张或类型，都是有课程思想或理念背景的，并且有特定的话语背景，课程变革更离不开实践中的理性。就我国学前领域的课程问题而言，更多的是简单模仿中小学课程所带来的。不少论者所谓的学前教育课程问题，其中一些根本构不成"矛盾关系"，大多是同一类型的不同实施方式而已。借鉴基础教育中的"课程理念"，要不忘遵循学前教育的特点和规律，以促进婴幼儿身心发展为旨趣。

其次，把握学前教育改革包括课程问题的背景条件与辩证关系。任何事物的存在都需要一定的条件，任何课程都有长短利弊，在多元文化

时代，无论何种课程都不可能以偏概全，以"一"代"多"。一般说来，综合课程或活动课程，对于高等教育总体上可能是弊大于利，对于高中教育可能是利弊参半，而对于学前教育包括义务教育和职业教育，则永远是利大于弊。因为相对于系统的分科知识，婴幼儿更需要根据兴趣、生活，直接、整体地认识世界。

最后，从改善条件和优化机制入手为有效解决问题提供保障。我国属于发展中国家，各地发展水平和条件很不平衡，又有不少历史包袱（如幼儿教师、保育员分立，重教轻保，重教学轻游戏等），这从工作环境上了降低了综合课程和活动课程的地位。因此，学前教育改革更带有整体性，尤其需要顾及学前儿童身心发展年龄特征、所处社区的环境、教师队伍素质、师资力量配备和小学课程设置状况等因素。一般认为，对综合课程与活动课程的师资素质要求，要明显高于对分科课程的师资素质要求。目前我国广大基层幼儿园还达不到这个要求，因此，在进行学前教育改革时要把握包括课程问题的背景和条件性。

（吴玲 葛金国）

5. 家园共育：以生活教育为核心

学前教育史告诉我们，公共学前教育机构出现、发展并逐渐占据主导地位，使传统的学前家庭教育的地位受到挑战。与此相关，社会呈现转型，公共学前教育机构的弊端也逐渐暴露。

家庭和社区是幼儿园的合作伙伴。幼儿园保教质量的提高，仅仅依靠幼儿园的力量是不够的。幼儿园要充分利用家长的教育作用，让家长主动参与幼儿园教育活动；充分发挥社区的积极影响，让社区积极支持幼儿园教育活动。因此，学前社会教育与学前家庭教育的关系，不仅是一个常议常新的基本理论问题，还是一个需要统筹智慧的实践问题。其中的焦点是如何回应实践的诉求。

本专题以托幼机构与家庭的配合为例展开探讨。具体来说就是，幼儿园应当以生活教育为核心，整合家庭教育资源，构建家园共育的内容和方式，共同为幼儿的发展创造良好的条件。

一、正视家庭、园所双方认识上的差异

家庭与幼儿园的配合，是一个"老大难"问题。检索各类幼儿教育著作，都有"幼儿园与家庭"之类的章节，对有关家园配合的意义、内容、原则和方法进行阐述；翻读各类幼教报刊，常有教师、家长对有关家园教育的关系和如何配合畅谈看法。

在家长方面，比如：孩子在家散漫惯了，现在上幼儿园了，不适应怎么办？孩子在幼儿园是多学点好还是少学点好？应学些什么？家长们的倾向性态度大多是尽量让孩子多学点儿，最好是要多认些字，多学点儿外语和数学计算，为将来升入小学学习打好基础。教师们经常感叹：

现在的家长越来越难"对付"了。

同样，园所的老师也有自己的无奈和困惑，比如：幼儿入园了，可是由于孩子不适应幼儿园的生活，每天又哭又闹，而家长由于心疼孩子还是像从前一样娇纵迁就；幼儿园的主要学习形式是游戏，但游戏不能出成绩，家长就要求老师教些文化知识，教师们大多是开始时尽量沟通，如若不行，就我行我素，千万不能"坏了规矩"。在现实生活中，教师在家园合作上常常出现类似误区，例如：以幼教权威自居，频繁地给家长下达指令和"任务"，不加区别，统一要求，以幼儿制约家长，只接受不付出……于是，家长也有了有关教师"素质问题"的抱怨。

误解需要解开，困惑需要释怀。由上可以看出，家长和园所教师双方都存在着某种误解和困惑。一方面，"休戚与共感"使人们意识到二者关系的重要，应该说，一般情形下，双方对家园配合的作用和意义都是重视的。另一方面，人们常常有"买卖不同心"之感——双方的议论大多局限于本位，仅看到二者需要一致性的配合，而没有看到二者需要差异性的互补。可见，加强沟通、理解是双方的共同要求，而家园配合也是一个"常思常新"的问题，有必要对家园教育配合问题进行重新审视。

二、重新审视"家园共育"的前提和基础

认识差异是理解的前提，理解是配合的基础。教育类型差异性与教育目标的一致性，正是家园教育配合的前提和基础。这是一个问题的两个方面。

没有差异性，就不存在需要配合的问题。家庭主要是生活场所，园所则是专业的教育机构，作为不同性质的社会组织，两种教育的差异是显而易见的：首先是教养双方的关系不一样，前者是亲子关系，后者是师生关系。第二是教育方式不一样，家庭教育结构松散，较少有严密的计划和组织形式，在潜移默化中进行教育；园所教育目标明确，有较强的计划，在严密的组织和引导形式下进行。第三是教育对象不一样，家庭教育的对象是个别性的孩子，采用的大多是一对一的形式，满足的主要是生活需要和个性化的需要；园所教育的对象是学前儿童群体，采用

的主要是班级或集体的教育形式，满足的主要是多数孩子的共同需要。

如果家园对孩子的教育，没有一个共同的目标，那么，家园共育是不可能很好地实现的，因此，只有增强家园联系，让家园双方彼此了解各自的教育立场和目标，家园共育才有可能得以顺利实行。一位幼儿教师在她的教育笔记中写道："你是母亲，我是老师，我们拥有同一个天使，将母爱与师爱融于一体，在孩子幼小的心灵中播下希望的种子。"显然，家园联系是家园共育的前提，良好的家园关系是有效教育的基础。

显然，家园配合不是要消灭差异，不是要互相埋怨、相互推卸责任，而是要在认识和理解差异的基础上，使家庭教育与园所教育扬长避短，从而保持必要的平衡和张力。

三、以生活教育为核心和平台，构建家园共育的内容与方式

家园共育是对家园双方的共同要求，目的是为了更好地促进孩子发展。要想让家长真正参与幼儿园教育活动，发挥家长资源的应有价值，幼儿教师应端正思想，转换角色；做好家长宣传工作；全面了解家长资源；利用家长资源重在平时；以"双赢"为工作目标。而以生活教育为核心和平台，应成为家园共育的主要内容和方式。

日常生活是幼儿学习的主要资源。不少家长都有这样的体会：不停地对孩子唠叨，孩子不但听不进去，反而渐生厌烦情绪；而生活中的所见所闻，小伙伴的所作所为，他们却一学就会。这是因为在生活中获取的知识都与具体的事物相联系，不像说教那样抽象，是具体鲜活、多姿多彩的，而且带有情感色彩，符合幼儿身心发展的特点。审视目前我国家园配合的症结，关键就是生活教育理念的缺失。生活知识最重要，养成教育最有效。生活教育正是这样一种提升孩子发展潜力，以孩子可持续发展为己任的教育。

良好的习惯是儿童高素质的体现，生活教育的实质是习惯的养成，其中首要的是生活习惯和卫生习惯：按时作息、早睡早起、注意睡姿、食有定时、便有规律；饮食习惯：不偏食、不暴食、不抢食、零食有度；卫生习惯：饭前便后洗手、早晚洗脸刷牙、衣着整洁、注意用脑用眼卫

生，等等。良好的群体生活和交往习惯也很重要。如服从道理、遵守规则，待人热情、尊敬师长、爱护伙伴，敢说、会说、能倾听，不争抢东西、会与人合作，等等。幼儿生活教育中形成的良好习惯将使他们终身受益。

以生活教育为核心构建家园共育的内容和方式，有利于克服幼儿教育中存在的严重的"小学化"倾向。过早地把小学的教材和教法搬到幼儿时期，不仅使幼儿教育承担了不应承担的重负，而且事倍功半，甚至是适得其反。部分孩子进入小学阶段便患上"厌学症"即源于此。当然，习惯的培养非一日之功，应日积月累，潜移默化。如我们鼓励孩子阅读，不必刻意要求识字。实际上，日常生活中文字处处可见，如广告、标语、墙报、商标、站牌、电视节目等，只要大人做有心人，孩子就会在不经意中认识不少字。学计算、学外语也是如此。

只要园所教育与家庭教育在目标一致的前提下相互补充，注重生活教育，就能合作共育，相得益彰，最大程度地促进孩子发展。

（吴玲　葛金国）

附录："四教统合"
——学前家庭教育的最佳组合

自古以来，学前家庭教育的方式有很多。什么样的方式更为有效？有没有所谓的最佳方式？实践经验表明，言教、身教、境教、自教是现代家庭教育最为理想的方式。其中，言教即说服教育，身教即榜样示范，境教即环境熏陶，自教即实际锻炼。四种方式，各有其优势和不同作用。作为教师可依此指导家长，努力实现家庭学前教育方式的"四教统合"。

一、言教及其具体运用

所谓言教，是指通过语言对子女进行的教育，也就是通过摆事实、讲道理等方式对子女施以影响，提高他们辨别是非善恶的能力和思想认识，培养良好的道德品质，形成正确行为规范的方法。因此，言教又称为说服教育。

作为家庭教育中最常用的，也是最基本的方法，言教的方式多种多样。一是当面的言教，如给孩子讲故事、谈话、口头安排任务，用言语进行指导、批评、表扬、开家庭民主生活会、讨论等。另一种是笔教，如给孩子写信，立家规、家范、留言等。其中，谈话和讨论是最常用的两种方式。

为了使言教获得应有成效，在具体运用中，应注意四个要点：第一，态度温和，民主平等，以理服人；第二，依据孩子的心理特点进行教育；第三，言教应具有针对性和启发性，力求形象、具体，深入浅出；第四，言教时要善于抓住时机，灵活进行。

二、身教及其具体运用

所谓身教，是指家长用自己的实际行动为子女作出榜样和示范，来启发、教育子女的教育方法。身教，又称榜样示范。

我国自古以来提倡躬行身教，榜样示范。孔子曰："其身正，不令而行；其身不正，虽令不从。"家庭是孩子的第一所学校，父母是孩子的第一任老师。孩子思维的具体形象性和亲子间感情的亲密性，使得来自父母的榜样更易为子女受到感染，而其教育作用也更巨大和深远。陈鹤琴先生将"身教"即"以身作则"，概括为"做父母的第一条原则"。

对于身教的重要作用，几乎所有家长都有认识。但是，在具体实践中，并非所有家长都能从中获益，其中的原因很复杂。一些家长虽然认识到身教的重要性，但在教育过程中却不知如何为孩子树立榜样；一些家长虽然意识到身教的重要性，但在日常生活中往往又无法控制自己的某些消极行为；还有一些家长意识到自身无法给孩子以良好的榜样，便束手无策，不知借助其他榜样力量来达到目的……如此，身教在具体教育过程中便难以发挥其应有的作用。

为了充分发挥身教的作用，家长在教育过程中，应注意四个要点：第一，家长应率先垂范，努力为子女树立良好榜样；第二，家长如有错误，应大胆认错，并勇于改错；第三，家长应重视身教与言教的统一；第四，注意利用其他榜样形象感化教育子女。

三、境教及其具体运用

所谓境教，是指家长有意识地创设一个和谐、良好、优美的家庭生活环境，使子女在其中受到潜移默化的影响，以培养子女优良的思想品德、高尚的道德情操和良好的行为习惯。境教，又称家庭生活环境熏陶法。

自古以来，各国教育家都非常重视家庭环境对子女的影响和教育。我国古代"孟母三迁"的故事为广大父母所熟悉；颜之推很注意周围环境对子女的影响，要求审慎地看待子女身边的人，以防孩子受到消极影响，因为人受环境的影响往往是"潜移默化，自然似之"；陈鹤琴先生非常重视环境对孩子的教育作用，他曾大声呼吁："儿童应有良好的环境。"

家庭环境是指家庭成员在日常生活中所处的家庭情况和条件的综合状态。在家庭教育中，教育并不仅仅局限于家长"有意识"的教育引导，在更多的时候，家庭教育表现为家庭环境对子女的熏陶渍染，即所谓的"无意识"的教育。家庭环境可分为家庭物质环境和家庭精神环境。家庭环境对子女的影响是自然而然地产生的，孩子们接受这种影响也是不知不觉的。这种教育方式表面看起来是无意识的，而恰恰因其"无意识"，才更容易为子女所接受，教育效果才更明显。因此，家长要有意识地创造良好的家庭环境。

当下，孩子们的物质环境已有了很大的改善——新奇的玩具、精美的图书、高档的服饰已为愈来愈多的孩子所拥有。家庭物质环境的改善，给孩子的身心发展带来优越条件，但随之也带来了一些消极影响。一些家长在不断满足孩子物质需要的同时往往忽略了精神环境创设。

因此，要想充分发挥家庭环境的教育作用，家长必须从两方面努力，即创造良好的物质环境和精神环境。具体说来，为了充分发挥家庭环境教育的作用，家长在教育过程中，应注意四个要点：第一，安排好家庭经济生活；第二，美化家庭生活环境；第三，创造和谐家庭生活；第四，不断提高家庭的文化道德素养，追求高尚的精神情趣。

四、自教及其具体运用

所谓自教，是指家长根据子女自身的发展和社会的需要，让子女参加力所能及的实践活动，从中锻炼思想，增长实际才干，培养良好的思想品德和行为习惯。也就是说，让子女在切身体验中达到自我教育的目的。自教，又称实际锻炼。

古今中外的教育家，都非常重视实践中的自我教育，重视开展实践活动和行为练习。"身体力行"是我国古代道德教育的基本要求之一。孔子强调："言必信，行必果。"反对"言过其行"。英国教育家洛克，曾对家庭教育中规范要求与行为练习的关系作过精辟的论述，他说："应该利用一切机会，甚至在可能的时候创造机会，给他们一种不可缺少的练习，使它们（指规则等）在他们身上固定起来。"陈鹤琴先生在论及"怎样做父母"时指出："做父母的应当明了自己的责任。你们的责任，是帮助小孩子生活，是帮助小孩子自立，是帮助小孩子做人。"为此，"凡是小孩子自己能够做的，应当让他自己做。"在论及"怎样教小孩"时他指出，教小孩的方法之一是"注重自动"。因为"小孩子生性是好动的"，"这样好动的天性，与他的能力的发展有密切的关系。倘若做父母的事事代替他做，使他没有自动的机会，那他就不能习得经验，而能力也无从发展。"陈先生以"教人游泳"为例来说明"学由于做，不做是学不会的"这一道理（《家庭教育——怎样教小孩》）。

进入现代社会，人的生活条件日益改善，而这有可能"造就"自理能力低下的孩子。如果缺乏实际锻炼，这些在"蜜罐中长大的孩子"将难以自立。因此，要实施开放的家庭教育，让他们亲身实践和体验生活，从而开阔眼界，增长才干，锻炼思想，获得动力，教育自我，增强社会生活适应能力。自我教育的内容多种多样，家长可根据家庭教育任务和不同年龄阶段孩子身心发展特点，选择相应内容。如对于幼儿来说，学站立、走路、说话、游戏等是锻炼的内容；对于大一点的孩子来说，文娱体育活动、社会交往、生活自理、家务劳动、代家长办事、待人接物、社会公益劳动和社会实践就成为主要的锻炼内容了。

生活中，由于各种原因，很多家长不太愿意让子女接受锻炼。面对"独苗苗"，更舍不得让孩子多做事，尤其是让孩子去做一些带有"危险性"的事情。这样，孩子的手脚无形中被束缚了，锻炼机会被父母善意地剥夺了。与此同时，还有一些家长尽管重视，但由于方法不当，措施不力，也导致孩子自我教育的失败。

为了更好地发挥自我教育的作用，家长朋友们在运用实际锻炼法时，应注意五个要点：第一，提高子女对实际锻炼意义的认识，调动孩子自觉锻炼的积极性；第二，鼓励子女克服困难，不怕挫折；第三，实际锻炼要持之以恒，舍得让孩子吃苦；第四，正确对待子女实际锻炼中出现的失误；第五，实际锻炼要注意孩子的年龄特征和个性特征。

　　总之，家庭教育的方式方法有很多，这里所述的言教、身教、境教、自教是其中的一种概括。四种方式各有其特点和不同作用，我们在运用时也要具体问题具体分析，平均着力。四种方式的系统化综合并恰当配合运用，即"四教统合"，必然取得家庭教育的满意效果。

（吴玲　葛金国）

延伸与讨论指南

• 随着中国社会的发展，一些年轻妈妈放弃工作在家专心照顾幼儿，被称为"全职太太"；一些年轻父母拥有高学历，非常注重在家庭中对孩子及早施教。因此有人认为这将会使幼儿园教育的作用大大削弱，学前机构教育的必要性大大降低，你如何看待这个观点？

家庭教育与幼儿园教育对个体的成长都是不可或缺的，也是相互促进的，不是此消彼长的关系。家庭教育与幼儿园教育也不能相互替代，幼儿园教育的专业性、系统性和同伴环境是家庭教育所不具备的。但随着父母教养观念和文化水平的提高，也会更有利于幼儿园教育的开展和水平的提高。

• 幼儿园教育强调保教并重，教师可以兼顾保育，保育员有能力兼顾教育吗？是不是应该家庭更多侧重保育，幼儿园更多侧重教育，以使两者分工明确，各有侧重？

保教并重是整体的发展，不是对两者的割裂，教师和保育员都要有保教结合的意识。当然，从现实来看，保育员的综合保教水平还有待提升。以发展的眼光来看，对保育员也要实行严格的资格准入。家庭和幼儿园也不应只侧重保教的某个方面，哪个方面都不能忽视。

• 理论上说幼儿园教育应该以综合为主，但实际上我们看到的活动还是以分科为主，特别是在县城以下的幼儿园里，为什么会有这种理论与实践的差别呢？

幼儿园教育强调对知识经验的综合，这符合幼儿整体认知的特点，是完全符合幼儿教育的规律的。现实中的分科倾向可能有多方面的原因：一是教育理念有待提高，二是分科课程较易实行，三是分科课程容易看到训练的结果。但着眼于孩子的整体和长远的发展，分科课程弊大于利，应该弱化，这依赖于教师专业化水平的提升。

第三辑　学前教育的基本原理

- 儿童的"朴素理论"
- 儿童的生长发育
- 学前教育应适龄适度
- 学前教育要杜绝小学化
- 学前教育与学校教育的衔接

导　　读

本辑包括 5 个专题和 1 个附录，以幼儿发展及其教育特点为线索展开。

在"儿童的'朴素理论'"专题中，我们对儿童的"朴素理论"及其应有态度进行了深入讨论，指出：幼儿就是幼儿，他们有着自己对世界的理解，这正是学前教育首先要把握的本质之一；它的实质，是用学前教育的视野来识读幼儿。

在"儿童的生长发育"专题中，我们以家长对幼儿园的误解为"引子"，指出此中症结是成人对幼儿生长发育的规律与特点了解不够，具体讨论幼儿生长发育中可能遇到的问题，并在此基础上提出应对之策。

在"学前教育应适龄适度"专题中，我们聚焦超前教育现象，指出我国目前各方因素相互裹挟，实际上演绎着现代版的"拔苗助长"。讨论提醒我们，要警惕学前教育、早期教育陷入过度教育的误区。

在"学前教育要杜绝小学化"专题中，我们以学前教育与学校教育的性质、任务和关系为线索，聚焦"不让孩子输在起跑线上"的口号，围绕一系列现实问题，分析了幼儿园教育小学化的危害。

在"学前教育与学校教育的衔接"专题中，我们通过广泛调研，掌握国内外研究信息，提出"双向调适"的衔接思路。本专题侧重从小学角度提出解决衔接问题的建议，对不同层级教育的衔接工作有重要启发。

附录是"儿童观、儿童发展观和儿童发展理论"，从三个方面展开介绍，力求大家对"儿童观、儿童发展观与儿童发展理论"形成基本认识，从而为组织专题性专业讨论奠定必要的基础。建议就此主题组织"专业讨论"。

1. 儿童的"朴素理论"

儿童有着他们对世界的理解，尽管他们的理解可能很"朴素"，但毕竟它是儿童的理解，这便是人们所说的"儿童的理论"。幼儿就是幼儿，不是"小大人"，这正是学前教育首先要把握的本质之一，其实质是用学前教育的视野来识读幼儿。"儿童的理论"与成人意义上的理论有所不同，因而它仅仅是一种"朴素理论"。

什么是"朴素理论"？朴素理论（Naive Theory）是与科学理论、成熟的理论、正规的理论相对而言的，有人称之为天真理论、似理论、直觉理论、前理论等。朴素理论是指人们对某一组信息、事物、现象等的日常理解。比如一般的人关于天上的各种现象、对宇宙所持有的观念就是一种朴素理论（朴素宇宙学），也有人认为，直觉或朴素理论是指相互关联的概念体系，并且该体系能对某一特定领域的经验产生预测和解释。举个简单的例子：小的时候，大人告诉我们地球是个球体，我们人类生活在地球的表面上。但根据我们的直觉，我们是不可能真正理解这个科学理论的。我们只认为：地球肯定是平的，最多高低有所不同而已。这就是我们的"朴素理论"。

在心理学发展领域的背景下，对儿童朴素理论的研究，主要集中在朴素物理学、朴素心理学和朴素生物学等核心领域。儿童是不是具有了某领域的朴素理论，特征有三个：一是能够在各个领域之间作出本体论即类别的区分，如认识到不能进行"思想比铁轻"这样比较（隐喻除外）。儿童的朴素理论，只是一种框架性理论，它只是说"儿童的理论"与成人的科学理论具有极大的相似性，并不是说二者是一样的。二是概念具有内聚性、连贯性，并且这些概念是相互关联地使用的。同样，儿童的朴素理论强调概念间的相互关系，如在儿童朴素心理学中，主要涉及儿童对信念、愿望与行为的关系的认识，上述概念作为体系影响着儿童的认识和行为。三是有一套因果解释机制，就是能回答"为什么"的问题，涉及理论的预测、解释功能。预测功能是指儿童能根据自己的朴素理论预测将要发生的事情，解释功能是指儿童根据朴素理论解释某一现象何以如此。当然，儿童的预测和解释，可能是正确的，也可能是不正确的；可能增加对周围世界的信心，也可能降低事物的不确定性。

儿童对某现象判断，处于随机水平则表明他对此尚未建立理论；总是作出某种判断，则表明儿童对此有了理论，尽管其中还有对与错的分别。有时，儿童为了使自己的理论与解释一致，甚至会否认观察到的特性。在儿童朴素理论发展过程中，"反例"起着非常重要的作用。当儿童面对"反例"时，并不是我们通常所想象的，即马上就改变自己原来的理论，以适应新的事实、证据，而往往要经历一个"忽视反例"的阶段。这意味着，儿童并不是简单的"实事求是"，他们的朴素理论发展也需要时间，是一个相对长期的过程。这不仅受到理论解释功能的制约，也与理论改变的艰难，并关涉否定自己有关，还与儿童所属群体的理论是否改变有着直接关系。

研究朴素理论具有多方面的意义。首先，研究就需要正视，正视在某种意义上意味着承认。毋庸讳言，就社会的主流、学前工作者多数而言，儿童的"朴素理论"，还是一种受到"压迫"的理论，其合法性并没有得到认可。事实上，只要朴素理论的合法性没有在全社会得到确认，所谓"儿童的世纪"，就只能是一种良好的愿望。

儿童朴素理论的合法性，至今无法得以确立，是因为以成人眼光看，儿童的朴素理论是"不正确的""表面的""肤浅的"；在教育过程中，儿童的朴素理论的合法性更是远远没有确立。尽管教师们也常讲"要了解儿童，"但仔细分析，他们要"了解"的是什么？他们大多要了解的是：儿童掌握了多少知识文化，即成人的逻辑；而不是了解儿童的朴素理论，即儿童的逻辑。这些成人包括教师，他们似乎忘记了，自己小时候如何？何为正确何为错误？正确和错误就那么泾渭分明吗？此正确能保证彼正确？今天正确能保证明天正确？在科学哲学看来，人的认识都是试探性假说，是不断验证假设的过程，永远如此，不管你是幼儿还是成人。2500年前的老子，为什么提出回归赤子之心？其实质是，去除异化、消除遮蔽，回归本真、回归自然。其实，所谓真理，在成人那儿，不过是一套更为复杂精致的程序而已；而偏见，在很多时候离真理比无知更远。

从脑科学和心理学上说，儿童的朴素理论的合法性的确认，不仅仅是对儿童的尊重，也是对人类认知——儿童身心发展规律的尊重。正是从此意义上说，科学家是"大儿童"——追求世界本真的，并非儿童是"小科学家"（小院士），更符合某种科学的范式。所谓"儿童的世纪"，首先就是要把幼儿当幼儿看：承认幼儿有自己的理论，有自己的精神世界，有他们自己的文化价值和行为法则。这种承认，不是一种施舍、怜悯，而应是基于成人尤其是智者对真理的谦恭，出于现代人的多元文化理念及其理解。

当然，"儿童的理论"有其自身规律，学前教育必须遵循。其基本的策略思路是：

第一，教师理解"儿童理论"的意义，把握其变化所需过程。教师要认识到，不管你承认不承认，愿意不愿意，儿童的"朴素理论"是一种客观存在；拒斥有害，仇恨无益。儿童的朴素理论的发展变化是一种重建性的，而不是一种替代性的。这意味着，后一理论中包含着前一理论的合理成分，是对前一理论的"扬弃"而不是"抛弃"，特别是要理性看待那些与现有科学理论或规范不一致的朴素理论。对于自身的工作和努力，我们不应当奢望教了就会、讲了就懂，一蹴而就。尤其要关注儿童朴素理论的改变，有一个"忽视反例"甚至视而不见的阶段。

第二，唤醒和利用儿童的朴素理论。儿童对他们的"朴素理论"，同样是缺乏自觉甚至是无意识的；如果能适当地将他们的理论唤醒，将这些朴素理论从无意识状态带到意识状态，从难于言说到敢于言说，将有利于儿童正视、认识当前的朴素理论，从而进一步发展和提升。有识之士注意到，瑞吉欧（意大利北部小城）有一些成功做法：他们在进行一个"主题"之初，总会通过讨论、绘画、手工等多种"语言"，让孩子表达他们对自己的"看法"（朴素理论），然后才进行实地观察、探索活动，其要义就是为了唤醒儿童的朴素理论。凯茨（L. Katz）倡导的"方案教学"也有相应的过程，即所谓的"讨论""表征"，目的正是唤醒儿童的朴素理论。在此过程中，首先教师要成为儿童理论的"学习者"（这与过去教师中的"备学生"形似而神异），教师要搞清楚儿童理论是什么，有什么特点，内部概念及其因果逻辑，等等。其次教师是儿童理论的运用者，体会其中逻辑并在此基础上加以运用。因为只有如此才可扮演第三角色，即教师成为理论的质疑者。教师应向这些理论提出质疑，以子之矛，刺子之盾，促使儿童朴素理论的发展变化。

事实上，儿童的这些朴素理论，也不是教师想排除就能排除的。与其做排除（但无法排除）的无用功，不如正视和利用这些朴素理论。

（吴玲　葛金国）

2. 儿童的生长发育

在不少幼儿园都可以看到，许多家长到幼儿园接孩子时，总会带着各种零食给孩子吃。还有的家长，在接到孩子后，立刻就在幼儿园门口或马路边买零食给孩子吃。这是为什么？询问家长，他们说，发现孩子上幼儿园后，回家吃得比以前多得多了，肯定是孩子在幼儿园没有吃饱。其实，这纯属误会，家长的做法也不对。症结是家长对幼儿生长发育的规律不了解。尽管各个幼儿园在家长会上不断说明，要求矫正幼儿爱吃零食的不良习惯，但由于多种原因，这种情形还是很普遍，并在不断上演。

上述情形很普遍，也有严重的（个别幼儿园，甚至形成家长责难幼儿园的舆论）。此中的根本症结是，家长对幼儿生长发育的规律与特点了解得不够，幼儿园所做的宣传和解释也不够。随着孩子年龄的增加，幼儿活动范围日益扩大，活动量逐渐增加，再加上幼儿园里的规律饮食，从而使孩子的胃口大开，进食量自然比以往有所提高。

本专题根据幼儿生长发育的规律与特点，具体探索幼儿生长发育中可能遇到的问题和应对之策。

一、把握幼儿生长发育的基本规律

婴幼儿的生长发育，是指他们的身体成长和机能成熟。生长与发育是同时进行、相互促进、相互制约、密不可分的。儿童的生长发育，在不同年龄段表现虽不一样，但有共同的规律。从胚胎形成到出生，从出生到发育成熟，是不同阶段的连续生长发育的过程。其速度的快慢也有阶段性，年龄愈小发育愈快，一岁以内发育最快，孩子出生后第一年的前半年，是生长发育最快的时期，以后逐渐缓慢，到青春期发育又加快，直到停止。

幼儿期孩子体格发育较慢，各项生理指标发育比较均衡，给人一种"长不大"的感觉。在此阶段身体发育中，儿童的脂肪进一步下降，肌肉组织虽有增强但仍显得瘦弱无力。幼儿期的体格有较成熟的外观，上下肢比较苗条，上身狭窄成锥形。幼儿期身高的增加超过了体重的增长。幼儿机体在增长过程中，不但有量的增长，也有质的改变，由不成熟到成熟。如随着脑的增长和神经系统功能的活动，逐渐由低级发展到高级，语言动作也由简单到复杂。各系统的发育也是不平衡的，如神经系统的发育是先快后慢，生殖系统的发育是先慢后快。从整个婴幼儿生长发育来说，有以下规律：一是身长中心点随着年龄的增长下移——婴幼儿刚出生时下肢很短，6岁时移到下腹部，青春期身长的中点近于耻骨联合的上缘；二是体围发育的顺序是由上而下，由中心至末梢——婴幼儿头部最先发育，然后是躯干、上肢，最后才是下肢；三是婴幼儿各器官系统的发育不平衡，有先后快慢的差别——其中神经系统最先发育成熟，生殖系统到青春期才加快发育。

人的生长发育，受到很多因素影响。宏观的群体性因素有种族遗传、地理环境、社会制度等，微观的个体性因素有营养、运动、教养、内分泌、疾病等。既有群体性表现，也有个体差异。因此，没有绝对的正常发展指标——所谓正常的标准，仅是代表大多数健康幼儿生长发育的中间值。所以，应因个体具体分析，不宜机械搬用。幼儿园要把握幼儿身心发展的年龄特点：如大脑处于迅速发育阶段，运动器官及调节支配能力明显增强，语言能力有较好发展，求知欲望增强，但思维特点以形象思维为主，抽象思维刚刚形成，语言和思维联系性还不强，富于情感，容易受成人的暗示和影响，情感转移较快，个性开始形成，表现出性格、兴趣、需要、能力等方面的个人特点。总之，幼儿身心发展、生长发育，是不以人们的意志为转移的客观规律。只有认识和遵循它们，教育工作才能正确和有效。

二、根据幼儿年龄特点采取相应策略

事例一　如何看待小班幼儿的"坏"脾气：最近，一些3岁的幼儿家长，反映他们孩子的脾气越来越坏，玩具玩一会儿就到处乱扔，让他捡起来，他就大声哭闹喊："我不要!""我就是不!"好像什么事都不顺心，凡事都喜欢和大人对着干。

分析和应对：孩子稍不顺心，就大发雷霆，是我们司空见惯的。有时候，的确让人觉得无法容忍。为矫正孩子的"坏"脾气，有些家长会粗暴地打断或阻止孩子，不让他们表达自己的愤怒与不快。但是，结果却适得其反，孩子往往哭闹得更凶。其实，对此家长不用过于焦虑，这是一个带有"年龄特征"的现象。一般3周岁的幼儿，进入人生的第一个生理叛逆期。这时候，幼儿会明显地呈现出自我意识觉醒，凡事要求自主，表现独立意识，"我要""让我来"和"我不要""我就是不"等，是这一阶段幼儿身心发展的必然过程和具体表现。

为此，作为父母和老师，首先，要做到心中有数，不大惊小怪。找一找幼儿发脾气的具体原因，看一看是幼儿自我情绪调节能力低，缺乏自我控制能力，表达能力差，还是孩子对自己要求是否合理缺乏判断能力，进而区别对待。其次，学会接纳。接纳孩子的愤怒，容忍孩子的不满，让孩子适当宣泄不快，从而在人格上均衡发展。这与无原则的溺爱是两回事。再次，家园配合，具体应对。可指导家长平时多与孩子沟通，了解孩子的需要，关注自己孩子同小朋友间的交往——多方了解别的小朋友在玩什么、想什么、有什么要求。这样，当孩子提出要求时，家长就比较能体会孩子的心情了。此外，还要注意培养孩子广泛的兴趣和做事的灵活性。可以相信，在此基础上，家长再加以开导和耐心说明，是能够消除或减轻孩子发怒情绪的。

事例二　中班幼儿迷恋看电视：这天下午，月月的妈妈来园接月月比较早，于是和老师交流了月月的情况。通过交流老师得知，5 岁的月月是独生女，放了学就没有了玩伴，她感觉孤独无趣，爸爸妈妈就让她看电视解闷。哪知道，月月不知不觉迷上了看电视——电视节目精彩纷呈，剧中的小朋友活泼可爱，声音清脆悦耳，一个个动画人物活灵活现，他们的故事非常有趣。月月感觉自己就生活在他们中间，电视成了她的好伙伴。久而久之，只要能看到电视，月月就开心极了。由于迷恋电视，月月每天看到很晚才睡觉，第二天却要早早地起床上幼儿园。如此，月月的睡眠严重不足，引起爸爸妈妈的担忧。

分析和应对： 沉迷电视，对于幼儿有害无益，家长应当引起重视。现在的家庭，差不多每家都有电视，不少孩子是独生子女，除了上幼儿园的时候有小伙伴一起学习、游戏外，回到家就很少有玩伴了。再加上现在的社会竞争激烈和工作节奏快，父母的工作都比较忙，多数下了班也没精力再陪孩子游戏玩耍，于是就把孩子交给了"电视保姆"。根据幼儿生长发育特点，5 岁正是幼儿身体迅速发育的时期。睡眠时分泌生长素最旺盛，促进幼儿身体发育。如果睡眠不足，就会引发生物钟混乱，妨碍身体发育。早晨即使被叫起床，他们也会感觉头脑沉重，精神恍惚，眼睛睁不开。其中，影响最大的是幼儿大脑和神经系统的发育，最终可能影响幼儿智力发展。

根据这一特点，5 岁的幼儿，收看电视时间不宜过长，最好连续看电视的时间不超过 20 分钟。另外，幼儿睡眠不足，没有精神，也会影响他的学习效果。因此，老师建议月月的爸爸妈妈，可以在休息的时候多带月月从事一些丰富有趣的活动，如阅读、画画、唱歌、舞蹈、做各类运动等，多跟别的小朋友接触，留意月月能否在其他活动中找到乐趣和满足。避免长时间闷在家里，是防止孩子迷恋电视的最好办法。当孩子建立起其他有益爱好，他们迷恋电视的概率就会大大降低。

事例三　大班小朋友用身体运球： 清晨，幼儿园操场晨间锻炼。大班的小朋友正在玩皮球，有的在拍球、有的在运球、有的在投篮……这时，有个幼儿将球放在两腿之间往前跳，教师发现后，受到启发：幼儿能否创造出不同方法，用身体某一部分带球一起移动？于是，老师组织幼儿开展此项活动。小朋友们第一次开展了单人用身体运球移动，出现了头臂夹球、手持球、腿夹球等运球方式。教师再次受到启发："人的上肢、下肢可以运球，还能用身体什么部位运球呢？"于是，幼儿创新出了用身体各部分变化运球的方式：有单手夹球匍匐爬、双脚夹球匍匐爬、仰天蜘蛛爬、腹腿夹球坐移等。

分析和应对：球类运动，是孩子最喜欢的体育活动之一。作为一种全身运动，球类运动能促进幼儿上下肢肌肉、关节、韧带和内脏机能的发展，对于发展弹跳力、灵敏、协调性等具有显著作用。同时，还可促进幼儿智力、身高的增长，增强幼儿心肺功能和胃肠功能。

《幼儿园指导纲要（试行）》提出："用幼儿感兴趣的方式发展基本动作，提高动作的协调性、灵活性。"以及"在体育活动中，培养幼儿坚强、勇敢、不怕困难的意志品质和主动、乐观、合作的态度"。变化身体动作带球移动，是一种创造性的变化的运球方式，简称它为身体运球。此项活动要求幼儿活动能力强，思维活跃，具有一定的创造力；对大班幼儿来讲很有挑战性，能够满足强烈好奇心，求新求异的心理特点。身体运球对幼儿身体运动能力的要求高，对幼儿身体素质协调性、灵活性、柔韧性以及运动技能、合作能力，意志品质都是一种挑战。既适合幼儿的现有水平，又有一定的挑战性，符合大班幼儿生长发育的规律和特点，有助于幼儿身体和心理健康发展。

小结：幼儿生活中的一些"不良"现象，往往是他们成长中生长发育的自然规律。比如，"孩子吃得比以前多得多了"，这不仅可能是他们长身体的一种正常表现，也可能是幼儿园合理膳食安排的结果。作为教师尤其是幼儿园园长，要做到心中有数，未雨绸缪——提前了解不同时期幼儿生长发育的基本规律，以便及时与家长沟通，进而根据孩子具体特点进行适当引导，促进其充分而积极的发展。

（李玲 吴玲 葛金国）

$\mathcal{9}.$ 学前教育应适龄适度

近年来，随着经济与社会的发展，学前教育受到前所未有的关注，"不让孩子输在起跑线上"成为年轻家长们的口号，这是好现象。然而，在现实生活中，不少家长包括部分幼儿教师对"早期教育"知之甚少，家庭热衷"超前教育"，幼儿园有"小学化"倾向……那么，应该怎样理解和看待学前教育（早期教育）？它们与超前教育有何区别？超前教育、"小学化"教育就一定能培养出人才吗？"不让孩子输在起跑线上"就一定能赢在终点、赢得比赛吗？当今我国的学前教育到底该怎么办？怎样才能抓好早期教育？

"拔苗助长"的故事尽人皆知。赵忠心、刘晓东、姜英杰等学者也早就对非理性的超前教育进行过批判。但是，目前家庭与幼儿园（甚至小学）相互裹挟，"拔苗助长"已成潮流，年轻的父母和幼师们难以自拔。而这一系列的问题，需要幼教工作者保持关注，予以回应。我们认为，上述思想和行为违反了幼儿身心发展的规律，显然是在演绎现代版的"拔苗助长"！学前教育、早期教育做得适当、得法，对孩子身心发展具有积极作用，而任意超前、盲目地追求"越早越好"的超前教育，不仅欲速则不达，而且可能会给孩子带来危害，甚至遗憾终身。

一、不适当的超前教育的消极影响

事例：玲玲的妈妈，好不容易教会不足 3 岁的玲玲：3 支冰棍加 5 支冰棍等于 8 支冰棍。玲玲总算可以在妈妈问她"3 支冰棍加 5 支冰棍等于多少"的时候大声地说出"8 支"！然而，她学会的是真正的算术吗？当妈妈拿出一堆苹果，问："玲玲，你看这里是 3 个苹果，这里是 5 个苹果，加在一起是几个苹果啊？"玲玲皱着眉，依然说不出。妈妈很苦恼：既然已经知道 3 支冰棍加上 5 支冰棍等于 8 支，为什么一换成苹果就不知道了呢？

其实，玲玲的妈妈所做的就是一种超前教育，她的"失败"意味着什么？是玲玲太笨吗？不是。其实，那么小的玲玲，还不能掌握我们成人觉得容易的数的概念。当妈妈让她学习有关冰棍的算术时，她只是靠记忆，像听故事一样记住了一个事实，而不是真正的数学！

那么，早期教育中不当的超前教育，会对孩子身心发展带来哪些不良影响呢？

危害之一：将超前的知识强加于没有做好能力准备的孩子，无异于"拔苗助长"。这样做，不仅会打击孩子的自信心，影响以后的发展，也会使父母们倍受挫折。

小鸟的妈妈，如果在小鸟还没有长出羽毛的时候，就硬赶着小鸟飞出鸟巢，结果只能眼睁睁看着小鸟掉落在地上，而且小鸟可能永远丧失飞翔的胆略。同样，科学家发现，儿童的许多能力是在成长中某段时间才会出现的，过早地将知识强加于还不具备接受能力的孩子，只能引起孩子的恐慌；面对想方设法要求他们完成任务的大人，他们会为完成不了任务而感到害怕，会对自己的能力产生怀疑。这种不自信带来的后果，将影响孩子的一生。是否能学好某种知识，取决于学习者在这方面具备的能力。3 岁前的孩子，多项能力的发展处于敏感期，所给的刺激越适当，孩子相应能力挖掘得就越多。但是，他们脑细胞还在生长的阶段，若急切地想将知识灌输给孩子，反而会对孩子将来吸收知识形成障碍。比如，一个逻辑推理能力不强的人，不管你怎么说，他都无法进行三角函数的推算；一个对色彩感觉不敏感的人，无论怎样都无法创造色彩和谐的画面。这些能力源于何处呢？不仅在于成长后的正规教学，更在于人之初能力的培养。适合的教育，应该是在宽松环境里，让孩子接触喜爱的玩具、花花草草，让他们为以后的学习打好基础。这是一种看不到成果却比成果还重要的准备。

危害之二：为了早看到成果而快速地让孩子接受知识，忽略能力积累，限制了孩子能力的发展。

孩子的时间与精力也是有限的。当父母只注重孩子每天学会写几个字、会算多少算术题的时候，他们常常忽略了孩子与伙伴玩得是否融洽，游戏过程中有没有摔倒再爬起；而孩子也逐渐只关心那些大人安排的任务，少了探索兴趣，少了寻求问题答案的动力。这些父母与孩子所忽视的渐行渐远的东西，对孩子的成长却有更重大意义。就像建房子，为了尽快建起高楼大厦，却无夯实的基础，结果只能造成将来倒塌或根本就无法建成高楼大厦。

危害之三：有些超前教育似乎眼前有效，但实际上得不偿失；幼年的不规范影响养成的不良习惯，会成为长远发展的包袱。

比如，许多家长希望孩子在很小的时候就能掌握外语。殊不知，由于这种教育本身在语言教学内容、方式方法或师资方面存在问题，处于语言敏感期的孩子，却将第二语言教育中许多不良发音也一并吸收了并形成思维定式。等到后来真正开始学习外语的时候，启蒙语音的不准确，会使他们无法和其他孩子一样，正确地按照音标朗读。

对于多数孩子，超前教育的效果往往好景不长。这是因为，随着孩子的成长，学习兴趣和态度渐渐支配学习效果，而不是单一的智商；而且，接受超前教育的儿童早年体现的智商优势，未必是他们的真实潜能，等到其他孩子的知识在正规学习时突飞猛进以后，超前教育儿童在知识上的优势就不明显了。相反，他们能力训练不足和其他负面效应，则慢慢显现出来。

二、正确理解学前教育与超前教育（过度教育）

超前教育的实质就是急功近利，表现都是不遵循幼儿身心发展规律，所以常常导致拔苗助长。比如：让孩子在0～3岁掌握3～6岁孩子学习的知识，在3～6岁时学习小学的课程，上小学时学习中学的课程，上中学时学习大学的课程……显然，这种思想行为把心理学中"关键期"（敏感期）的发现绝对化，夸大了学前教育的作用；它可能对个别超常儿童适合，而对于绝大多数正常儿童来说，肯定是不合适的。至于一些"超前教育"聚焦于识字写字，进行"单科独进"式的强化，则更是狭隘和不当了。我们不能违背儿童身心发展的规律而对其进行教育，学前教育同样要坚持量力而行、循序渐进的原则。

广义的"过度教育"，是指超过需求的教育。而从学生的角度定义"过度教育"是指超出学生当前和未来生活需求的教育。过度教育在一定程度上是教育本身的异化：它使教育从促进人发展变成了"善意的"对人的摧残——过度教育对幼儿的发展有多重不良影响。我国的过度教育广泛，在各级各类教育中都有体现，尤其体现在学科教育和特长培养中。激烈的社会竞争、成人的攀比心理和对竞争的过度反应等，都是使过度教育产生的原因。纠正过度教育，也需要家庭、学校、社会甚至受教育者个体等各方共同参与，进行综合治理。

学前教育对孩子不是"放任自流"，必须加以适当控制。教育是一种约束力，是让孩子从原生态的人，嬗变为社会道德约束下的常态人、社会人。生态式教育理念提出，人犹如大自然中的一粒种子，需要自然界赋予的各种条件，如温度、湿度、阳光等，但同样也需要人类的呵护，如对温度、湿度甚至阳光的控制等，只有双管齐下，才能健康成长。从生理学角度讲，人类智力发展，随着年龄增长呈递减规律，婴儿时期是人智力发展的最快时期。人在 7 岁以前，可获得一生中 60% 左右的智力。在此时期，给婴儿提供相应的适宜环境，将对他一生产生决定性作用。换句话说，学前教育是在孩子生长发育最关键时期，给孩子储存一生享用不尽的财富。

与此同时，学前教育不仅仅是早期智力开发，更重要的是良好习惯的养成，培养孩子良好的阅读、作息、自理、卫生、道德、记忆、观察、思考等习惯。超前教育，往往将智力推高到"独尊"地位，忽略非智力因素的作用。不少家长过早地让孩子写字计算，学这学那，以把孩子培养成全能小天才为己任。这种盲目的神童教育，打乱了儿童身心发育的秩序，常常造成对孩子掠夺性智力的开发，是违背学前教育规律的。

生活中有很多孩子的智力在茁壮成长的同时，他们的非智力因素却很屡弱，他们情感脆弱、不能独立解决问题，如现在的某些大学生要父母陪读，生活完全不能自理等。当今社会，非智力因素的重要性已经凸显出来，如果一个人性格孤僻、没有与人合作的能力，且自卑、急躁、固执、难以面对挫折，即使智商再高，也难成大器。幼儿时期是人格发育的重要阶段，因此应重视孩子非智力素质的培养。充分利用各种情境，进行随机教育，培养孩子自信、坚强的性格以及独立能力。

三、走出超前教育的误区，根据孩子身心特点进行早期教育

我们认为，学前教育的当务之急是要走出超前教育的误区，根据孩子身心特点进行早期教育。

针对前述超前教育（过度教育）带来的不利后果，我们认为，对孩子的教育不应操之过急。时代在发展，不管世间万物如何变化，它都遵循着一定的规律，对儿童的教育也是如此，也有其自身的发展规律。正如法国著名教育家卢梭所言："大自然希望儿童在成人之前，就要像儿童的样子。如果我们打乱这个次序，就会造成一些果实早熟，它们长得既不丰满，也不甜美，而且很快就会腐烂。"对孩子的早期教育并不是强迫孩子背唐诗或认字，更不是写字计算、练特长，而是要了解和启动孩子天生的学习与探究的动力，满足他们的大脑所迫切需要的感觉刺激和学习经历。让孩子过得愉快，获得快乐，让孩子有充裕的时间和精力，展示爱玩的天性，让孩子在玩中学、乐于学，使孩子健康、快乐成长，这就是最恰当的早期教育，也体现了学前教育为基础教育奠基的使命。

孩子从呱呱落地开始，就不断地接受新事物，不断地在学习，我们要根据孩子身心特点进行早期教育。家长要树立正确的早期教育观，懂得早期教育并非是培养天才，而是开发幼儿各方面的潜能，以达到早期教育目标的一种教育。

考虑儿童的自主性，成人不要一厢情愿地逼着孩子学他们不喜欢学的东西，不要盲目地跟风、从众、赶潮流，应多给孩子留一些自由的空间和时间。始终走在孩子前面，引导而非强制他的发展。教孩子最重要

的是提前一步——提前太多，会让孩子感到压力，甚至造成伤害。不断地激发孩子的潜能，就能让他获得充分的发展。

一定要用引导的方式，而不是灌输的方法。早期教育既是教能力，更是培养素质。引导的方式，可以发挥孩子的主动性，让他真正提升本领；而灌输，只是提供了一些智力素材。不仅要重视发展孩子的现实能力，更要注意培养孩子良好的个性品质。我们提倡素质教育，而素质教育的根基是学前教育。俗话说"三岁看大"，其实质就是指 3 岁时孩子就基本确立了个性的基础。孩子心理是否健康，学习能力强不强，从生命最初 3 年的发展就可以大概预见到。

（吴玲　葛金国）

4. 学前教育要杜绝小学化

幼儿园本是公益性质的社会服务机构，服务是其首要职能，通过优质服务，获得孩子、家长和社会的认可，进而产生一定经济效益，这才是正常发展之道。可是，有相当一部分幼儿园，他们把盈利作为首要目的，一味迎合家长，只要家长掏钱就是他的上帝。笔者曾请教几名南方发达地区的名园园长是怎样打造幼儿园的特色的，他们的回答让笔者找到一种"秘诀"：那就是多凸显孩子外显行为，如语言、识字、英语、速算、早期阅读、体育专项训练等，因为这些方面周期短，见效快，家长能看得见，摸得着。而良好的行为习惯、个性、兴趣、智力潜能等方面的培养，是一个长期过程，不易迅速体现，因而幼儿园就"避重就轻"，以博得家长的满意。笔者很难想象，当幼儿园存有这种思想时，孩子的后劲在哪里？可持续发展又在哪里？

近年来，"不让孩子输在起跑线上"已成为年轻家长们的口号。随着家长对早期教育关注程度的提高和竞争心态的加剧，越来越多的幼儿园开始增设识字、拼音、写字、计算等课程，开办特长训练。这种在幼儿园实施的"小学化"教育变得越来越普遍，幼儿园的教学内容、教学组织形式、教学管理等方面受到巨大冲击。那么，应该怎样理解学前教育？"小学化"倾向的表现、成因和危害如何？目前我国学前教育到底该怎么办？这一系列问题，就是本专题讨论的焦点，线索是学前教育与学校教育的性质、任务和关系。

一、幼儿教育小学化的表现

众所周知，作为学前教育的幼教，是"启蒙教育"，小学是基础教育；幼教是为小学教育作准备的，幼教与小学面对不同的对象，有着不同的任务，存在着性质上的天然差异。所谓"幼儿教育小学化"，就是幼儿教育正有意无意消除这种差异，在各方面向"小学"靠拢，与小学实现同质化。主要表现在目标、内容和形式三个方面。

第一，在教育目标和教学管理上，用小学制度来管理幼儿。本来，幼儿在园每日活动主要包括生活、运动、学习、游戏活动等，并且要求遵照适当比例，控制集体学习活动时间，保证幼儿充裕的游戏时间。但是，一些幼儿园在教育目标上盲目追高，常常用小学的指标来要求教师、管理幼儿。

第二，在教育内容和"课程设置"上，追求知识技能的数量和难度。随着"正规化"和"制度化"，幼儿教育中也出现了"课程"的概念。一些幼儿园每日生活的管理基本与小学一样，即以班级集体教学为中心组织安排幼儿每日活动。在这里，幼儿除了每天上下午的教育活动外，还要进行珠脑速算、计算机、英语、钢琴、绘画、书法、舞蹈等兴趣班活动。幼儿从清晨来到幼儿园，就开始了忙碌的一天。不少幼儿园常以开办特色班为吸引力，扩大影响，增加收入。一些幼儿在园时间过长，各种活动衔接紧张，远远超过相关规定。

第三，在幼儿园教学的形式和方法上，试图以课堂教学取代活动和游戏。幼儿发展规律揭示，幼儿是在活动中发展的。游戏是幼儿的天性，作为师幼基本的活动，是幼儿与环境相互作用的基本形式。因此，幼儿期的主要生活内容应该是游戏，学习则应是伴随游戏自然发生的。然而，近年来，不少幼儿园为追求学习效率，幼儿的活动逐渐演变为与小学一样的以课堂教学为主的"教学"形式，讲授成为一些幼儿教师的基本方法。幼儿的自动性被忽视，像小学生一样接受知识的灌输。

二、幼教"小学化"的消极影响

幼教超越自身的发展阶段,进行"小学化"的教育,消极影响是多方面的。

第一,小学化的教学组织形式,使幼儿的生长发育受到威胁。幼儿园的任务是保育和教育相结合,而且保育优先。如果幼儿园按照小学制度来安排,就必然忽视保育任务。幼儿每天在教室里坐几个小时,造成过度疲劳,这样做会制约他们骨骼、视力等身体机能的发育,也易使幼儿养成不正确姿势,造成发育上的潜在危机。

第二,幼教的教学内容小学化,会束缚儿童的想象力,使其学习兴趣丧失。课程超载和超越阶段的过度训练,效果往往事倍功半。一些园把传授知识作为主要任务,在幼儿园,儿童就已学习了拼音、写字、算术,升入小学后,还要再一次学习这些内容。由于他们已学过一遍,所以对小学学习便没了兴趣,这对后续学习是极为不利的。

第三,幼教小学化的管理,压抑了幼儿人格和社会性的发展。幼儿期是人格和社会性初步形成时期。正常情形下,儿童通过丰富多彩的游戏活动,学习与人交往的技能,了解他人对自己的期望,发展自控能力,逐渐形成良好人格和社会性。而在幼教小学化背景下,学习侵吞儿童大量的自由活动时间,使他们没有充足的游戏机会,缺少了必要的交流、合作、体验,导致幼儿的个性和社会性很难健康发展。

第四,幼教小学化,增加幼师的教学和管理难度,表现为"反专业化"倾向。有人天真地认为,分得越细就越专业化,分科就是专业化,其实,这在幼教领域恰恰相反,专业化的根本目的是全面有效地完成工作。幼儿的生活是一个整体,并且主要是以游戏形式进行的。幼师专业化的根本标准是看她们组织活动和游戏的能力。

此外,幼教小学化,破坏了国家对幼教功能、任务的定位。作为我国学制系统的奠基阶段,幼儿教育的定位是启蒙教育,基本功能和任务是促进幼儿身心各方面的协调发展,为以后长远的发展奠定基础。

三、幼教小学化产生的复杂原因

造成幼儿教育"小学化"的原因，是复杂多样的。既有家长的原因，也有社会的原因；既有幼儿教育外部的原因，也有幼儿教育自身的原因。症结在于，它有相关的社会需求和土壤。

一是来自家庭望子成龙成凤的愿望。顾客就是上帝。回顾历史，幼教任务之一，就是替家长分忧、为家长服务。家长的愿望和需求，对幼儿园教育的价值取向影响最大。近年来，家长对孩子教育重视程度空前提高，但是，他们对幼儿教育的认识却存在着不少误区。每天，当孩子回到家时，家长最关心的常常是：今天在幼儿园有没有吃饱？有没有小朋友欺负你？今天认识了几个字？背了几首诗……他们认为，教育内容越多越好，计算、识字越早越好，要求对幼儿施以识字、算术以及特长的训练。试想，当家长把这些作为考查标准时，怎能不影响幼儿园的正常教育工作？此外，家长对孩子的特长还常常有一些不实幻想，全然不考虑孩子自身的兴趣，希望他们成为钢琴家、画家、舞蹈家……家长观念中的功利倾向，是造成幼教小学化倾向的基本动因。

二是来自幼教市场无序竞争的因素。直接的是幼儿园尤其是私立园、个体园之间的生存竞争。近 20 年来，我国办园主体呈现出多元化。私立、个体和社会力量（俗称民办）占办园总数 80% 左右，在园幼儿总数的 50% 左右。除正规注册的民办园外，由于我国幼教管理力量不足，监管不规范，没有注册的非法园也不少。一些园师资差，设施设备简陋，活动场地狭小，单纯以营利为目的。但是，这些园却很好迎合了家长急功近利的心理，它们利用了学前教育供求失衡和监管缺位：往往收费较低，并给幼儿拼音、识字和数学等小学教育。由此，整个幼教逐渐走入小学化误区，产生了经济生活中"劣币驱逐良币"效应。

三是来自教育内部素质和环境的原因。这与第一和第二个因素互相影响发生作用。具体而言，首先是幼儿园有意无意地"乱作为"：当前我国幼师素质普遍不高是造成幼儿园小学化的重要原因。一些先行小学化的幼儿园所聘用的教师多是刚毕业的学生和小学退休教师，她们要么缺少实践经验，要么理论知识浅薄，因而这些幼儿园最简便的方法，就是采取小学化的形式和内容迎合家长的要求。其次是监管部门的无力为、不能为和不作为。我国教育行政部门及其所属业务研究部门监管、培训不够，也是造成小学化倾向的重要原因。此外是考试的推波助澜。对于幼教来说，上游小学的评价，是最实在和不能不重视的，它们是决定命运的"指挥棒"。幼儿教育是基础教育的组成部分，性质是面向全体、启蒙性和非选拔性的。但是，长期以来的应试教育，形成了以知识评价为主的考试升学制度，这也影响了幼儿园教育。于是，幼儿园成了小学的预备教育。

四、摆脱幼教小学化的思路

显然，幼教小学化倾向，违背了幼儿教育规律，严重影响了幼儿身心发展，并对幼教事业的健康发展产生极大危害。我们要做的是，透过现象看本质，辨症施治，寻求有效对策。

1. 加强理论研究，探索幼小衔接规律。如何解决幼教理论与实践"两张皮"问题，使每位幼教工作者不仅理解理论，还能把理论运用到实践中去，这是我国幼教理论研究的当务之急。以幼小衔接的研究为例，它不是幼儿园单方面的事。幼儿园大班、学前班和小学低年级，都要研究衔接规律，特别是要了解彼此的教学内容和方法，使孩子心理上不至于产生"陡坡"。在国外，已有相对成熟的理论成果和经验，如德国的混龄编班就是一个很好的例子。日本强调强化地方责任，园本和校本研究相结合。另有国家通过不同方式让教师和孩子在试验中体会幼小衔接研究带给他们的体悟。对此，教育行政和教研部门要做好统筹、协调和服务工作（参见本辑附录）。

2. 做好宣传导向工作，帮助家长厘清价值。科学的幼教，是建立在正确的儿童观、教育观基础上的。有关各方（高校、媒体、幼教机构等）要大力做好正确幼教观念的社会普及工作，宣传正确的儿童观和教育观，逐渐扭转传统观念中贪图形式面子，社会思潮中急功近利和忽视儿童自身要求的错误倾向，淡化幼教小学化的思想基础，为幼儿教育科学化奠定良好的社会舆论氛围。

3. 端正思想，遵循规律，全面提高办园质量。这主要是幼儿园的责任。人的身心发展有阶段性特征，教育只有根据年龄特征来安排才是适宜的。幼教小学化违背了幼儿身心水平和年龄特征——它是利用幼儿的可塑性和不能独立的特点，强行灌输给幼儿知识技能，忽视了内在素质的培养，压抑了潜能的自由展示，使幼儿的快乐童年增添了人为紧张。为此，幼儿园要树立正确的"入学准备"理念。入学准备不只限于知识，也包括身体健康和动作技能、语言发展、认知和一般知识、情绪和社会性、学习方式等多方面的准备。与此同时，立足实际条件，充分挖掘资源，开发特色课程；注重培养孩子的良好习惯，形成有自身特色的幼儿教育。

4. 健全政策法规，做好管理督导工作。这主要是主管部门的责任。第一，严格和规范办园标准，提高幼教整体水平。对不具备办园资质的不审批，对办园不规范的坚决整顿，消除恶性竞争的源头。第二，健全监督机制，强化幼教管理督导。定期与不定期对辖区工作的规范化进行抽查，及时发现"小学化"倾向并予以处理。第三，建立区域教师流动机制，加强对教师的业务管理和培训。通过培训以端正幼儿园的入学准备理念，通过提高教师素质，特别是幼教活动能力，从根本上克服小学化倾向。第四，充分发挥示范幼儿园的示范、辐射作用。做到学有榜样，习有规范。

（吴玲　葛金国）

$5.$ 学前教育与学校教育的衔接

"幼小衔接"问题，一直是幼教领域的重要课题。但实际上，这应该是一个双向的过程，小学也应主动与幼儿园衔接。调查发现，当前我国学校"小幼衔接"主动性不够，对课改提供的契机幼小双方都有待体察，存在幼小差异和坡度，需要各种实践探索。我们从微观、中观和宏观三个层面，为"小幼衔接"提供了"双向适应"思路。

一、充分入学方案——"小幼衔接"的微观视角

为了让孩子健康快乐地成长，学校要努力成为一个"有准备的学校"。这既包括学校在孩子入学之前采取相关的措施，也包括入学后的相关措施。

1. 入学前的措施。①小学主动与幼儿园沟通，包括观摩幼儿园教学，与幼儿园教师交流，获得孩子的照片、作品和故事，邀请孩子参观校园，指导幼儿园教师组织关于小学生活的角色扮演活动，在幼儿园给孩子上课等；②积极与家庭交流，包括获得孩子的家庭档案，对家庭的入学准备提出建议，告知关于学校的准确信息，指导孩子在家庭中的角色扮演活动，让孩子与朋友一起面对入学，与特殊家庭、特殊孩子的交流等；③细致的校内安排，包括对学区内入学儿童的摸底，布置学校环境，组织教师整理新生的家庭档案，合理安排第一次会见等。

2. 入学后的措施。①帮助新生适应新环境，包括细致安排入学第一天的活动、校园与教室的规划、合理安排座位等；②培养社会适应能力，包括任务意识和执行任务的能力、规则意识和执行规则的能力，独立自理能力、自我保护能力以及主动性等方面能力的培养；③建立良好的人

际关系，注重孩子人际交往能力的培养，使之建立和谐的师生关系、同伴关系，融入班级文化和校园文化中；④与家长交流合作，包括教师给家长良好印象，指导家庭给孩子安排有规律的生活，提醒他们不要给孩子过重负担等。

充分入学方案，能够在最普遍意义上为每个孩子充分入学提供保证。衔接的最终目的，是为了孩子能适应小学学习，核心的衔接表现在课堂上。

二、课程改革——"小幼衔接"的中观视角

课程改革，为入学衔接提供新的机遇，在新背景下，小幼课程"坡度"缓和了。当然，课改精神需要落实，但落实也有一个过程。问题的焦点是，在课程实施上采取措施，使新生尽快适应课堂教学。

1. 调整教学安排。首先，落实新课程的目标，即由原来的过分重视基本知识和基本技能转变为既重视基本知识和基本技能，也重视过程与方法，情感、态度及价值观。其次，调整教学计划，比如在入学两个月内，适当减少语文、数学教学，而增加一些游戏和活动性课程，控制新生学习和活动的总量。再次，控制班级规模。最后，调整作息时间，学校应创造各种条件帮助新生适应小学的学习生活。

2. 改革教学方法。要通过采取游戏化的课程，活动化的课程及灵活的教学组织等方式来让孩子适应课程。

3. 优化课程结构。在新课程改革中，明确提出了均衡性、综合性和选择性三条课程结构调整的基本原则，这些原则也是幼儿园课程的显著特点。所以，落实新课程结构的调整，也有助于入学新生适应小学的课程。

4. 变革评价方式。要体现出立足三维目标的评价，定性评价与定量评价相结合，以及评价主体的多元化等。

尽管通过上述努力，小幼衔接上降低了"坡度"，但仍很难实行"无缝"对接。所以在新生中实行与幼儿园连贯一致的课程，是一个值得思考的选择。

三、延续与交流——"小幼衔接"的宏观视角

就"小幼衔接"而言，在教育政策和制度上的改革，有"纵横"两个方向——纵向的学前与学校机构一体化改革和横向的与衔接有关的各方相互交流。

1. 通过延续构建一体化的儿童教育体系。一是"小幼衔接"的课程标准。形成具有延续性的课程标准，就小学课程而言要继续进行整合课程的探索，以适应幼儿园课程的综合化特征，就幼儿园课程而言应努力培养学习所必备的素养，以适应学校学习的需要。二是"小幼衔接"的师资培养。在职前师资培养上，在现有师范教育中增加与衔接相关的课程，同时打破传统模式培养小幼一体化师资；在职后师资培养上，根据需要进行教师"小幼衔接"方面的专项专题培训。三是"小幼衔接"的学制改革。从学制上整合小幼阶段已成为国际趋向，尽早将学前一年教育纳入义务教育体系，可能是解决幼小衔接问题的体制保障。

2. 通过交流营造和谐的入学生态系统。以生态学的模式来看，在入学衔接的生态系统中，孩子位于这个系统的中心，围绕孩子的所有因素都可能对孩子的入学衔接产生影响。通过各方共同努力，与孩子发生积极的相互关系，就会建立起一个和谐的入学生态系统。

综上所述，"衔接"是一项复杂的工作，解决入学衔接问题，需要系统思维，"双向调适"。与关注"幼小衔接"相比，"小幼衔接"问题同样重要。问题的根本解决，需要系统入学衔接方案的制订——在衔接理念上，强调双向调适的观念，如国外学者所说的"有准备的幼儿园"和"有准备的学校"，建立基于生态学视野的多方衔接体系，协同工作。

（本专题由吴玲、葛金国根据张亚军硕士论文《双向调适：基础教育改革背景下的"小幼衔接"研究》编写。）

附录：儿童观、儿童发展观和儿童发展理论

学前儿童发展与儿童观，构成学前教育理论的重要组成部分。我们需要一个什么样的儿童发展理念来指导实践？带着这个问题，这里我们从三个方面展开介绍，力求对"儿童观、儿童发展观与儿童发展理论"形成基本认识，为进一步理解学前教育理论与实际奠定基础。

一、儿童观与儿童的地位及权利

所谓儿童观，就是有关儿童的观点和看法。它主要涉及两个问题：一是儿童在人类社会中的地位与应享有的权利，二是儿童期的特点、意义以及儿童成长的规律等。儿童观的科学理解，可以从结构和内涵两方面进行。从结构上理解，儿童既是自然的存在，也是社会的存在，还是精神的存在；从内涵把握，儿童首先是人，并且是正在发展中的人，儿童期有自身独特的价值。

人类儿童观经历了一个演变过程。就西方儿童观而言，古代——儿童是小大人；中世纪——儿童是有罪的；文艺复兴时期——儿童是自由、天真、纯洁无瑕的；启蒙运动时期——儿童是"白板"（英国哲学家洛克把儿童看作生来就纯洁无瑕的"白板"）、儿童是人，是不同于成人的"儿童"（法国思想家卢梭的自然主义儿童观），因而还应当把他们当作儿童看待。现代西方的儿童观，异彩纷呈。如蒙台梭利的儿童观以对儿童的重视和尊重为基础，她认为教育第一关心的问题就是发现和解放儿童，以及对儿童人格的尊重。在教学过程中，教师应以儿童作为活动的中心。杜威的儿童观认为，儿童是未成熟的、发展中的人，儿童期的生活有自身的价值，儿童是发展与教育的起点、中心、目的。与此相关，就大众的观念形态儿童观来说，人们常常把儿童视为"父母财产"和生命延续。

儿童的地位和应有权利，与社会发展息息相关。1959年联大通过《儿童权利宣言》，首次公开肯定儿童与成人享有同样的社会地位和权利，应得到成人的尊重，享有生存、生活和学习的权利。1989年联大通过《儿童权利公约》，为儿童的保护和权利制定了国际法律准则（该公约1992年在中国正式生效。在国内《宪法》是儿童权利根本保障。1991年颁布的《未成年人保护法》，是我国保护儿童的最高层级法律）。

二、科学的儿童发展观及其内涵

学前儿童发展，顾名思义是指学前儿童身心发生的积极变化。身体的发展，是指机体的正常生长发育；心理的发展，是指认知和人格的发展。

科学的儿童发展观认为，儿童发展是一个系统整体，主要受到遗传、环境、教育和个体能动性等因素影响；这些因素相互联系和影响，形成合力来制约儿童身心发展。儿童发展的过程，是主动性与被动性、连续性与阶段性、共同性与差异性的统一。儿童发展存在"关键期"（敏感期），但是它的表现千差万别，作用错综复杂。

三、关于儿童发展的重要思想主张

所谓儿童发展理论，是指系统化的并有重大影响的关于儿童发展的思想主张。这里主要介绍西方学前教育历史上关于儿童发展的重要观点、思想和理论。

1. 自然成熟论。该理论是早期心理学理论之一，并且长期发挥影响。思想渊源有卢梭的自然教育理论、18世纪的胚胎学研究、霍尔的复演说、达尔文的进化论以及机能心理学考喜尔（G. E. Coghill）的观点。心理学家彪勒（K. Buhler）、格赛尔（A. Gesell）等人认为，成熟是从一种发展水平向另一种发展水平的突然转变中实现的，发展的本质是结构性的。心理发展的内部节奏与生物因素的自然成熟相联系，个体的心理发展是按生物因素自身预定的程序及节奏自然成熟的，外部环境只能在一定程度上加速或减慢其发展的速度，而不能从根本上改变发展的内部节律。格赛尔进行了著名的同卵双生子的爬梯实验，他认为，支配心理发展的因素很多，但主要的是"成熟"。只有当结构与行为相适应的时候，学习才可能发生；在结构得以发展之前，特殊的学习收效甚微。自然成熟论强调（夸大）了心理发展的生理学基础，也是较为典型的"遗传决定论"理论。

2. 精神分析理论。该理论包括弗洛伊德心理性欲理论和埃里克森心理社会化发展理论。弗洛伊德认为，心理发展可分为口唇期、肛门期、前生殖器期、潜伏期和生殖期（青春期）等五个阶段，而人格也有本我、自我和超我三个层次。埃里克森把发展看作经过一系列阶段的过程，每一阶段都有其特殊的目标、任务和冲突。人的心理发展分为婴儿期（信任对怀疑）、儿童期（自主对羞怯）、学前期或游戏期（主动感对内疚感）、学龄期（勤奋感对自卑感）、青年期（角色同一性对角色混乱）、成年早期（友爱亲密对孤独）、成年中期（繁殖对停滞）、老年期（完美无憾对悲观绝望）等八个阶段。

3. 行为主义理论。该理论强调现实与客观研究，代表人物有华生、斯金纳和班杜拉。华生的发展心理学理论认为，心理本质是行为，心理意识被归结为行为；个体发展是环境影响的结果，有什么样的环境就有什么样的心理行为。斯金纳的行为主义理论认为，人的行为和习惯取决于该行为导致的结果；如果行为能导致好的结果，则该行为将来发生的概率会增加，反之亦然；所有的行为都可以通过操作强化来加以改变、塑造和控制。班杜拉的社会学习理论认为，儿童可通过观察他人行为及结果进行学习。这些都是较为典型的"环境决定论"（又称外塑论）观点。

4. 认知发展阶段理论。该理论瑞士心理学家皮亚杰有较为详尽论述，本书将在"建构主义的学前教育理论流派"中介绍（请参见相关部分的内容）。

5. 社会文化理论。该理论体现在三个层面：一是文化—历史发展观，认为人有低级和高级两种心理机能，而其中的高级机能是在与社会交互作用中发展的。二是心理发展观，认为个体心理发展的过程，是其自出生到成年，在环境与教育影响下并在低级机能基础上，逐渐向高级机能转化的过程。所谓"最近发展区"，是指儿童现有水平与经他人帮助可达到的较高水平间的差距。三是社会文化理论影响，它明确提出儿童学习的必要条件是有一定指导的社会环境和适当水平的教学。为此，教学必须考虑儿童已有水平并要走在他发展的前面。

6. 社会生态系统理论。该理论的代表是美国学者布朗芬布伦纳，他通过把个体生物因素和外界环境因素组合而提出该理论。布朗芬布伦纳认为，儿童的发展是直接环境和间接环境相互作用的结果，不同层次的环境系统由里到外可以分为微观系统、中间系统、外层系统和宏观系统。

7. 关键期（敏感期）理论。"关键期"是指个体发展过程中环境影响能起最大作用的时期。这是自然成熟论某种意义上的延伸和拓展。关键期概念的引用应推到奥地利习性学家洛伦茨的研究——洛伦茨发现出生的小鸡、小鹅有"印刻现象"，这意味着个体印刻现象只能在个体生命中一个短暂的"关键期"发生。关键期中，机体对环境影响极为敏感、细微和迅速。在适宜环境影响下，行为的习得特别容易，发展特别迅速；但此时如缺乏适宜环境影响，也可能引起病态反应，甚至阻碍其将来的正常发展。为此，有的研究者改称关键期为敏感期。与此相关的是"敏感期"——它是指特定能力和行为发展的最佳时期，在此时期个体对形成这些能力和行为的环境影响特别敏感。"敏感期"一词，由荷兰生物学家德·弗里在研究动物成长时首先使用，后来，蒙台梭利在长期与儿童相处中发现了同样现象，因而提出幼儿教育的敏感期原理。根据蒙台梭利对婴幼儿的观察研究，可以归纳出语言、秩序、感官、细节、动作、社会规范、阅读、书写和文化等九种"敏感期"。关键期和敏感期理论，强调心理发展的内在节奏，客观上要求人们顺应儿童的自然发展规律。一方面，它促进了对儿童早期教育的重视，促使父母、教师注意选择最佳时机对幼儿进行教育。一方面，它也促动人们的急功近利情绪，而超前教育则集中表现了关键期（敏感期）理论的消极影响。

（吴玲　葛金国）

延伸与讨论指南

● 有人说：儿童是天生的哲学家、艺术家、科学家，这究竟是什么意思？

这种说法更多的是基于幼儿具有非凡的创造力而言的。幼儿由于生活经验的局限，也不受社会规则的约束，因此没有条条框框的限制，容易说出质朴而充满哲理的话语，容易进行充满想象力的艺术表现，也容易像科学家一样充满强烈的好奇心和探究欲。幼儿在学习和探究的过程中，也会表现出类似于人类在某个领域长期的学术演化的过程。在某种意义上，幼儿确实有值得成人学习的地方。

● 在幼儿园教育的作用上，有人认为应该等待儿童的发展，教育只是提供正常发展的积极条件；也有人认为教育应该走在发展的前面，引领着发展。你如何看待这两种不同的观点？

在对儿童发展的看法上，确实存在着两种不同的观点，尤其是对教育的作用也是观点不一。对越年幼的孩子，越要防止拔苗助长，应该等待孩子某种能力的具备；而对越年长的孩子，越要重视教育对儿童发展的促进作用。另外，对幼儿发展的不同方面，教育所起的作用也不尽相同，如动作、语言的发展较大地受制于年龄，而其他方面则未必。

● 有人认为幼儿园不该使用教材（幼儿用书），这是"小学化"的表现。你如何看待这种观点？

如果把教材等同于纸质的教科书，对幼儿来说未必是重要的。但教材可以是一个宽泛的概念，指与学习有关的所有材料，比如说操作材料，这对孩子的学习还是很有必要的。由于幼儿学习具有直观性、操作性等特点，所以类似的操作材料反而是不可或缺的。当然，在以游戏为主导活动的背景下，孩子的学习毕竟不是唯一的任务。

第四辑　幼儿园课程与游戏

- 幼儿园课程理论问题
- 幼儿园课程实践问题
- 游戏：幼儿园的基本活动
- 游戏研究的新进展
- 游戏中的"留白"

导　　读

　　本辑包括5个专题和1个附录，以幼儿园课程与游戏为线索展开。

　　在"幼儿园课程理论问题"专题中，对课程与教育的关系、幼儿园课程的概念、特征、要素、价值取向等基本理论问题作了探讨。

　　在"幼儿园课程实践问题"专题中，探讨了《幼儿园教育指导纲要（试行）》精神对幼儿园课程实践的指引，并对幼儿园课程如何体现在一日活动中，幼儿园课程的计划与生成问题作了讨论。

　　在"游戏：幼儿园的基本活动"专题中，根据我国幼教关于游戏"两个基本活动"的命题，明确指出它们是既有联系又有区别的不同命题。人们对此认识模糊的现象说明，对于游戏既需要加深理论认识，也需要积累实践经验。

　　在"游戏研究的新进展"专题中，指出游戏是众多学科的共同研究对象，并讨论了游戏研究的新进展，提出我们要在游戏功能再认识基础上拓展实践领域。

　　在"游戏中的'留白'"专题中，以游戏活动各环节"留白"为例，指出创设"留白"的教育是尊重幼儿的表现。幼教活动"留白"应是教师的有意而为，它使教育工作达到虚实相生、形神兼备的境界。

　　本辑的附录，梳理了有影响的幼儿园课程模式。他山之石，可以攻玉，力求使大家在比较中体会"洋为中用"。建议读者根据线索，进行更为深入的理论联系实际的分析了解。

1. 幼儿园课程理论问题

一、课程与教育

说到"课程"这个词，大家一定不会陌生，因为这是在教育领域中经常使用的一个词。我们在学校学习，实际上就是课程的实施过程。甚至可以这样说，在正规的教育机构中，教育的主要表现就是课程。

课程还是联系教育理论与教育实践的桥梁和纽带。系统的教育理论形成后，必须对受教育者产生实际的影响，这样教育理论的价值才能得以验证和实现，教育理论才最终转化为教育实践行为。这种由理论到实践的转化也是由课程来实现的。因此，课程是教育实施的载体。

幼儿园课程也是如此，它是将幼教理论付诸实践，对幼儿施加影响的载体，使幼儿教育的效果得以显现。

二、幼儿园课程的概念

1. 幼儿园课程与课程

幼儿园课程作为课程的一个子概念，必然具有课程的一般特征。所以，任何形式的幼儿园课程定义都可以在课程的一般定义中找到对应的表述。从课程的定义来看，课程可以理解为计划类、目标类、知识类、活动类及经验类等不同类型，幼儿园课程也可以从这几个方面来定义。自近代以来，对幼儿园课程的含义的不同理解与上述对课程的理解是能够对应的。

幼儿园课程还有属于自身的独特特征。由于学前教育是教育的最初始阶段，其实施的对象年龄最小，与学校教育阶段有着明显的差别。因此，对幼儿园课程的定义有其自身的倾向性。一般而言，幼儿园课程的定义更侧重于活动类、经验类的表述，而较少侧重于计划类、目标类及知识类的表述。

2. 幼儿园课程的定义演变

从我国近代以来对幼儿园课程的理解来看，经历了一个反复的过程。陈鹤琴等人对课程的定义侧重于对活动或直接经验的强调。新中国成立后，由于学习苏联的经验，课程的定义则侧重于对系统化知识、计划及预期目标的强调。改革开放以后，纠正了对苏联经验的照抄照搬，对课程的不同定义进行了全面的反思。总体而言，逐渐回归了对幼儿活动和经验的强调，但也没有完全忽略课程中的系统化知识、计划及预期目标等方面。

因此，最常见的对幼儿园课程的定义是：幼儿园课程是幼儿园一日活动的总和，幼儿园课程是幼儿在幼儿园一日活动中所获得的全部经验。

三、幼儿园课程的特征

1. 启蒙性

启蒙性指幼儿园课程所涉及的内容及知识是粗浅的，但带有最初的启发性质。幼儿年龄小，身体和心理正处在生长发育的过程中，是在机构中接受教育的最小年龄群体。受其身心发展水平的制约，幼儿园课程的内容是粗浅的，以符合幼儿的年龄特点和认识水平。但幼儿有天生好奇、充满探究的精神，这些自发的探索欲望和对周围世界的新奇应在教育中得到进一步的激发和鼓励。因此，幼儿园课程自然也就担负着启于始发，蒙以养正的基本任务。

2. 生活化

生活化指幼儿园课程应紧密联系幼儿的日常生活经验，在真实的生活场景中实施课程。幼儿认识世界以直接经验为主，较难接受系统化的知识，而最直接的经验就是幼儿的生活。因此，幼儿园课程必须以幼儿可接受的方式开展。幼儿园课程与中小学课程不同，除了正规的教学活动外，更多的是利用日常生活各环节实施课程。

3. 游戏化

游戏化指幼儿园课程更多的是以游戏的方式开展，游戏是幼儿园课程的基本组织形式，是幼儿学习的基本途径。由于游戏所具有的自由、自发、自主的特性最能符合幼儿的认知水平，因此，孩子最喜欢游戏，游戏是孩子的生命。幼儿园课程以游戏的方式开展，最符合幼儿的年龄特点，能最大限度地发挥课程实施的效果。

4. 活动化

活动化是指幼儿园课程应更多地考虑幼儿的直接经验，通过幼儿具体的活动来实施，而非抽象的学习。幼儿的思维水平较低，以直觉行动思维和具体形象思维为主，抽象逻辑思维没有充分发展起来。因此，幼儿园课程的实施必须考虑充分发挥幼儿的自主性，使幼儿在操作材料和人际交往等实际活动中学习，否则，课程实施的效果就会受到影响。

5. 潜在性

潜在性是指幼儿园课程中除了实际可见的因素外，还存在着一些潜移默化的影响因素，甚至这些因素在幼儿园课程中占据着重要作用。比如教师的言传身教对幼儿而言，影响十分深远；幼儿园课程的非预设性、偶发性因素较多，教师应有必要的教育机智；幼儿园课程的效果评价较为模糊等。

四、幼儿园课程的要素

幼儿园课程的要素是构成幼儿园课程的必要因素和组成部分。由于在当前的幼儿园教育中，对课程的研究大多涉及目标、内容、组织和评价这几种要素，因此，现主要分析这四个方面的要素。

1. 目标

幼儿园课程是为支持、帮助、引导幼儿学习，促进其身心全面、和谐发展而设置的。幼儿园课程目标是学前教育工作者对幼儿在一定学习期限内学习效果的预期。幼儿园课程目标的含义，即幼儿园课程力图促进幼儿的身心发展所要达到的预期结果。它是幼儿园教育目的的具体化。

2. 内容

课程内容是课程价值的主要载体，它的主要作用在于根据各个层次的课程目标恰当地选择和组织信息。对于幼儿园课程内容的理解已不再单纯是学科的知识与技能，还包括幼儿在学习过程中所形成的态度、情感、经验、价值观以及相应的行为方式等。幼儿园课程内容是实现幼儿园课程目标的手段。内容是为目标服务的，目标是选择内容的依据。在目标体系建立之后，就要依据目标选择教育内容。对于教师和儿童而言，要解决的分别是"教什么"和"学什么"的问题。

3. 组织

幼儿园课程组织就是一切有幼儿参与的教育活动的结构化或系统化过程。具体而言，幼儿园课程组织指创设良好的课程环境，使幼儿园课程活动兴趣化、有序化、结构化，以产生适宜的学习经验和优化的教育效果，从而实现课程目标的过程。以课程哲学观为基础对课程的组织方式进行分类，可将所有的课程分为学科中心课程、儿童中心课程和社会中心课程。在幼儿园课程组织中主要以前两类为主。

（1）学科中心课程。学科中心课程强调按知识内在性质及其内在结构组织课程内容，对幼儿进行科学、系统、连贯的教育教学。学科中心课程认为，学科是传递知识和技能的最为有效方式，能以最为系统、最为经济和最合理的方式为儿童提供文化知识。在幼儿园课程中，"分科教育"就是一种典型的学科中心课程。

（2）儿童中心课程。儿童中心课程强调根据儿童的兴趣、需要和能力组织课程内容。它关注的是儿童，课程内容的组织以儿童为中心，而且内容可以根据儿童兴趣和需要变化。在幼儿园的课程中，活动课程、综合课程、方案教学等都是倾向于以儿童为中心的课程。

4. 评价

幼儿园课程评价就是针对幼儿园课程的特点和组成要素，通过收集和分析比较系统全面的有关资料，科学地判断课程的价值和效益的过程。幼儿园课程评价对于提高幼儿园的教学质量，增加幼儿园的教育效果有着至关重要的作用。

幼儿园课程评价应本着有利于改进和发展课程原则，以自评为主，充分发挥教师的主体性原则，保证有利于幼儿的发展原则、科学和有效原则。

五、幼儿园课程的编制模式

从课程编制的角度而言，有目标模式与过程模式之分，下表列出了课程编制的目标模式与过程模式的比较。

课程编制的目标模式与过程模式比较*

项 目	目标模式	过程模式
教育观	教育是实现既定目标	教育使人更自由、更有创造性
知识观	知识是固定的让人接受的信息	是思维的载体
课程目标特点	精细、终极状态	宽泛、动态变化
课程目标来源	分解和对应教育目标	过程中学生的兴趣
课程目标的作用	控制、束缚	引导

续表

项　目	目标模式	过程模式
课程关注点	目标达成、结果	过程、学生的满足
教学方法	讲授、传递	讨论、探究
教师角色	课程的执行者	参与者、讨论主持人
教师要求	技能性强、短期培训	观念和能力要求高、长期学习
学生角色	接受者	建构者、探索者
教学调控手段	目标控制、易操作	过程中的教育原则、难把握
课程效果	明显、快速、满足度低	不明显、长远、满足度高
课程评价	指标明确、评价简易	较模糊、评价较难

*李季湄，关于幼儿园课程的几个问题——幼儿园教育目标、课程目标及其课程模式，学前教育研究，2001（1）

（张亚军）

2. 幼儿园课程实践问题

一、幼儿园课程实践的理念

2001 年颁布的《幼儿园教育指导纲要（试行）》（以下简称《纲要》），是我国现行的幼儿园课程标准，是指导幼儿园课程实践的纲领性文件。《纲要》的精神集中体现了幼儿园课程实践的理念。这包括终身教育理念、以人为本理念及科学保教理念。

二、幼儿园的一日活动

幼儿园一日活动是幼儿园课程的载体。幼儿园课程就是根据教育目的，通过一系列、有计划的幼儿一日活动得以实现。

1. 一日活动的类型

幼儿园教学活动是教师根据教育目标，有计划、有目的地组织适合幼儿身心发展的教育教学活动，教学活动一般是以教师主导，预设性强，可以分为集体教学、小组教学以及个别教学等几种方式。

游戏是幼儿最喜欢的活动，也是幼儿课程安排中的最基本活动。游戏能让幼儿充分体验愉悦情绪，能够自发主动地进行活动，而且，游戏过程也充满想象与创造。所以，幼儿教师应充分利用这一幼儿喜闻乐见的形式，让课程在游戏化、轻松愉悦的氛围里有效完成。

生活活动指幼儿园中满足幼儿基本生活需要的活动，主要包括餐饮、午睡、如厕、盥洗、整理等，生活活动是一系列行为习惯的养成，生活活动具有日常性、琐碎性、习惯性等特点。

除了上述活动，幼儿园一日活动还有仪式活动、自由活动、亲子活动等，这些都是幼儿园课程的有机组成部分和重要途径。

2. 合理安排一日活动

（1）注意发挥各种不同活动的功能，使之达成平衡。要认清和把握各种类型的教育保育活动的功能与特点，在选择、组合与安排一日生活中，要让各种类型的活动充分发挥其功能。所以，要确定"保中有教，保教结合""玩就是学，在玩中学习"的教育理念。让各种活动相互补充、相辅相成，达到总体上的平衡，让幼儿园一日生活变成一个有机整体，发挥其整体功能。

（2）注意动静交替，内容丰富多样。由于幼儿年龄小，注意力集中时间短暂且容易分散，表现为活泼好动，所以，要注意一日生活安排的丰富性、多样性，同时注意动静交替，体脑结合，做到劳逸结合，张弛有度。

（3）既要常规化，又要富有一定弹性。幼儿一日生活，一方面要用一定时间和程序相对固定下来，成为一日活动制度。这些制度让幼儿日复一日、年复一年地执行，成为其自觉遵守的良好常规习惯。另一方面，这种制度的固定也是相对的。在培养幼儿良好常规的同时，应根据实际情况，因势利导，一些没有预先设定，但是蕴藏有教育价值的事件都可以灵活变成幼儿一日生活的组成部分，可随机将这些纳入课程计划，生成课程。

三、计划与生成

在一线中，课程作为发生在幼儿园中的一日活动的全部，一般是按照一定的方案在实施的。方案实际上是预先设计好的，是有计划的。但纯粹计划性的课程方案在幼儿园中实施，可能不会有理想的教育效果。为符合低龄孩子的心理特点和兴趣需要，幼儿园课程还要注重孩子偶发的、适时的兴趣，注重与孩子真实生活的关联。因此，幼儿园课程还有许多随机的成分和临场的应对，这些都可以称之为课程的生成性。

1. 计划与生成的不同价值

无论是从课程设计的角度还是从教育效果的角度来看，课程的计划与生成都是不可或缺的，有各自不同的价值。

首先，课程的计划为幼儿的发展提供了一个可靠的框架，是教师实施幼儿园课程的有效指导。因为教师主要的身份是课程的实施者，限于水平和精力，她们往往并不能直接编制系统的课程，而是在现有课程的框架下，分析各种条件和因素，分阶段、分层次地实现幼儿的全面发展目标。比如课程的计划性有不同的时间段，长到学年、学期计划，短到日计划、活动计划。学年、学期计划一般可以直接借鉴系统的课程方案，结合本园实际及幼儿的年龄特点和发展需要，形成教师自己的月计划和周计划，再通过细致的观察和反思以及对幼儿发展信息的捕捉，形成日计划及具体的活动计划。通过这一连串的预设过程，幼儿的全面发展目标得到层层保证，并分阶段得以实现。

其次，课程的生成是实现个体充分发展的必然要求，是对教育实际效果的追求。课程的计划不可能面面俱到，活生生的个体学习也不可能完全按照预设的轨道来开展。所以，在组织活动时，必然要求教师能够充分关注每个幼儿的问题、兴趣和需要，并根据他们的现有经验和能力灵活地调整、改进、充实预设的课程计划和教育活动方案，这才能真正做到使活动有效，促进每个孩子富有个性地发展。

2. 计划及生成的比重

幼儿园课程的实施实际上就是课程的计划和生成交织在一起的活动。那么计划与生成到底孰轻孰重，各占多大的比例为宜，便成为课程实施者很想弄明白的问题。

从幼儿的角度出发，考虑幼儿的年龄特征，在权衡课程计划与生成两者的重要性上，我们倾向于后者。这是幼儿园课程与中小学课程的最大的差别，即对低龄孩子而言，宁愿更多地强调课程的生成性，而非课程的预设性。课程的预设性能更有效地传递知识和技能，更有效地去实现被明确考量的目标，但课程的生成性能更好地满足幼儿的兴趣和需要，能更好地满足幼儿情感、态度及价值的实现。

3. 计划与生成的融合

课程的计划与生成是可以相互渗透、相互转换的。鉴于幼儿园课程计划性的影响，在课程实施中，应该关注课程计划性向生成性的转换和融合的问题。

（1）满足兴趣的计划。课程的计划要在各个层面上努力做到尽可能满足幼儿的兴趣和需要，特别是在一线教师层面上所作的计划，要综合考虑本园、本班及每个孩子的实际需要，使计划的课程也尽可能满足幼儿的兴趣。比如城市幼儿园中，孩子对"超市"活动可能是普遍感兴趣的，但对于"地铁车站"则未必普遍感兴趣，这在计划中就要尽可能作适合的筛选。

（2）弹性的计划。课程的计划不可能做到面面俱到，在实施中也不可能完全按部就班，所以，计划在有些时候可以更笼统一些，是有弹性的计划。要留空白给幼儿，使之有生成活动的空间，让幼儿有机会开展其生成的活动。比如在"超市"活动中，可供开展的内容很多，教师固然可以作严格的设计，让孩子在既有的框架下开展活动，但也可以不作硬性的规定，而让孩子自己去设计相应的活动，教师给予必要的支持。

（3）生成的环境。课程的计划性总是客观存在的，计划的影子会产生无形的影响，甚至制约着课程的生成。所以，在课程设计和实施中，要特别重视课程生成环境的创设。在计划的框架下实施课程，如果我们提供了各种丰富的物质材料的刺激以及各种对幼儿想法和创造性的激励与鼓励，那么课程的生成就水到渠成了。

4. 生成活动的实现

（1）当前的主题背景。课程的生成性并不是无中生有的，大多数时候与课程的计划性紧密相连，也与孩子的生活实际紧密相连。比如在春季里围绕"春天"的主题开展活动，在学期末围绕"过年"的主题开展活动，这些背景下都有着丰富的生成活动的可能。

（2）孩子的即时兴趣。孩子的兴趣并不都是可以预料的，孩子可能会产生各种即时兴趣，这可能是某一个孩子的兴趣，也可能演变为群体性的兴趣，由此而生成的活动对某个个体或群体而言可能都是有意义的，教师应该注意鉴别和适当引导。比如说教学活动中教师出示了喜羊羊的头饰，但却引起了孩子对这部动画片的讨论，如果勾起了孩子的普遍的讨论兴趣，未尝不可适当地引申一下，满足孩子交流和表达的欲望。

（3）突发的事件。生活中的突发事件也很多，特别是一些重大的事件，不能不引起孩子的关注，这时也是生成活动的良好契机。冬天的时候突然下雪了，对这座城市而言是很难得的，孩子们兴奋异常，这时就可以终止正在开展的活动而让孩子们去玩雪，因为机不可失。

（张亚军）

9. 游戏：幼儿园的基本活动

在幼教领域，游戏的地位极其重要。刘焱博士在《我国幼儿教育领域中的游戏理论与实践》一文中说：目前，在我国幼儿教育领域，关于游戏主要有两个基本命题，即"游戏是幼儿的基本活动"和"幼儿园以游戏为基本活动"。这两个命题，我们概括为"两个基本活动论"，它反映了我国幼教界对于游戏的基本态度，制约着幼儿园课程、教学的要素结构和组织模式。作为幼教工作者，我们需要正确理解"两个基本活动"。

一、关于"游戏是幼儿的基本活动"

这个命题，包括两方面的含义：一是在一日生活中除满足基本生存需要的活动如进食、睡眠等之外发生次数和所占时间最多的活动，二是对活动主体的生活或生长发展具有重要影响的活动。这个命题，主要是在发展心理学领域中对游戏与幼儿生活和发展关系的认识与概括，意味着对游戏促进幼儿身心发展价值的肯定性评价。

刘焱教授指出，幼儿有其不同于成人的基本需要，可以概括为"三个层次，九个方面"。第一是最基础层次，包括三种需要，即基本生存需要、身体活动需要和安全需要，作为维持生命生长和安全的需要，此层次需要是其他两个层次需要得以产生发展的基础和前提。第二层次，也包括三种需要，即认知水平的需要、理解环境的需要和影响环境的需要，此层次需要的生理机制使中枢神经系统维持最佳唤醒水平。第三层次的三种需要，包括社会交往需要、自我实现的需要和尊敬（认可）的需要。其中社会交往需要是其他两种需要的基础。在以上"三层九面"需要中，驱使幼儿游戏的主要有身体活动需要、与环境保持平衡需要和社会交往自我实现的需要。游戏满足了幼儿身心发展"三层九面"的基本需要。"各种需要发动了游戏，游戏使各种需要得到了满足，需要的满足带来了快乐，快乐作为强化物使幼儿对游戏活动本身产生兴趣。兴趣和快乐这两种情绪体验相互作用、相互补充，进一步支持和促进幼儿去游戏。如此循环往复，游戏就成为幼儿稳定的兴趣，成为幼儿的基本活动。"

"爱游戏""乐嬉游"符合儿童身心发展的特点和规律。作为幼儿的一种需要，游戏与幼儿相伴相生，息息相关；游戏是自然赋予儿童的主要天性，没有不热爱游戏的幼儿。脑科学和心理学研究表明，孩子之所以游戏，之所以乐此不疲，是他们的身心发展——生理发展、认知发展、社会性发展和自我表现的需要。孩子天生就是"勤奋"的，他们生来就有做事的冲动，生来就有求胜的欲望；他们通过摆弄、尝试求得对环境的把握，如痴如醉、旁若无人，而这一切大多是在各种"游戏"活动中进行的（如果没有成人干预的话）。陈鹤琴先生在《家庭教育》中，将儿童心理特点归纳为七点，其中第一点便是"小孩子是好游戏的，以游戏为生命的"。早在 20 世纪 60 年代，我国心理学界就认识并肯定了游戏对幼儿身心发展的特殊意义，提出了"游戏是学前儿童的主导活动"的命题。显然，我们的教育应该顺应自然，尊重儿童的天性。

二、关于"幼儿园以游戏为基本活动"

这个命题，是对游戏与幼儿园教育之间关系的概括，实际上是对游戏的教育价值的肯定。但是，对于"幼儿园以游戏为基本活动"的理论依据，它的实践含义意味着什么的理解我们认为，这是一个目前还存在分歧的问题。分歧点在于如何看待和体现"教育目的"，或者说如何看待和体现教师的干预（主导作用）。

"幼儿园以游戏为基本活动"是以"游戏是幼儿的基本活动"为理论前提的。我国幼儿园的活动大致分为三种类型。①自由游戏。特点是幼儿个人自由活动，计划自定、材料自选、伙伴自选、活动的方式方法自定；学习的性质是探索发现学习。对于"自由游戏"，教师的作用主要在于创设适宜的环境条件，如提供游戏场地、材料等，尽量不直接干预。②任务定向的活动区小组活动。特点是问题及其情境是由教师预设的，解决问题的方式方法是由幼儿及其群体决定的；学习性质是有指导地发现学习。教师的作用表现为适度指导，即成为幼儿问题解决的"支持者、引导者和扶助者"。③全班集体活动。特点是活动的任务、内容、材料和方式方法都由教师确定；教师通常会利用教学游戏组织这种集体活动；学习的性质是接受学习。教师的作用，类似于中小学课堂教学，干预多而直接。如果以幼儿在活动中的自由度为尺度，我们可把幼儿园活动看作对立统一的"连续体"，上述活动类型分别占据"左""中""右"三个焦点位置。很显然，越倾向于"左边"的活动，幼儿越是自由的。

我们认为，作为一种游戏活动，首先要"保证幼儿愉快的、有益的自由活动"，即自由游戏活动。这意味着幼儿游戏是一种"主体性活动"，它使幼儿在主观上获得对活动的"主体性体验"，是具有"主动性""独立性"和"创造性"特征的活动。这种主观体验是游戏性体验的主要成分，包括活动的自主自由感，对活动内容方式的兴趣感，对事物、行为及其关系的支配感、胜任感等体验。正是游戏活动给主体的这种体验，使游戏在教育上具有了独特价值——有益于幼儿身心全面发展，尤其是创造性的养成。

"幼儿园以游戏为基本活动"，其实践分歧点在于如何体现幼儿"自由"或者说幼儿"自由游戏"（主体发现学习）的地位。多数理论工作者认为，"幼儿园以游戏为基本活动"的实质意味着一种新型教学模式的建立，而在一线工作者那里，实质意味着要以"游戏"取代"上课"，成为幼儿园的基本活动和基本组织形式。

"以游戏为基本活动"，除了保证幼儿的自由游戏活动外，还意味着把游戏精神掺入其他活动使其游戏化，实现从"以上课为基本活动的教学模式"转变为"以游戏为基本活动的教学模式"，就是实施幼儿园"主体性教学"。当然，"幼儿园以游戏为基本活动"，不是说要取消幼儿园中的"上课"这种教学组织形式，而是说要重新调整并辩证处理各类活动关系，努力使各类活动实现基于"最佳组合"的扬长避短。就我国幼儿园实际来说，目前的上课不仅要吸收游戏的"主体性"营养，还应充分利用自身"系统性"的特长，帮助幼儿分享与整理经验，揭示事物之间比较隐蔽的关系，使幼儿在游戏中的体验系统化。这种经验系统化有利于促进幼儿经验体系产生"飞跃"，有助于幼儿掌握学习策略。由此，"幼儿园以游戏为基本活动"的实践含义，可以概括为"让幼儿在游戏中和在游戏化的活动中生动活泼地、积极主动地学习与发展"。

三、关于幼教领域"两个基本活动"的关系

游戏是幼儿身心发展的客观要求，游戏应该成为幼儿的基本活动，但是，幼儿的游戏需要能否得到满足，游戏在事实上是否能成为幼儿的"基本活动"还是有条件的。也就是说，游戏要真正成为幼儿的"基本活动"，需要成人和社会提供条件，需要得到如家长、教师等成人的"允许、支持与保障"。

应该说，成人有关的"允许、支持与保障"，直到今天，还存在很多的"问题"。一方面，随着社会的进步，成人对于幼儿游戏价值的认识也在深化。如今，承认游戏是幼儿需要并予以保障使之成为基本权利，已成为文明社会的标志之一。在这里，游戏不应仅仅理解为幼儿的娱乐权利，同时它还应被看作幼儿的发展权。1990 年召开的世界儿童问题首脑会议通过了《儿童生存、保护和发展世界宣言》，明确地提出了儿童的发展权问题。在学前教育阶段，保障儿童身心全面、健康协调地发展，应当是儿童发展权保障的中心内容。因此，必须注意保障幼儿游戏的权利，使游戏真正成为学前儿童的基本活动。

我国 1996 年正式颁布的《幼儿园工作规程》规定"幼儿园以游戏为基本活动"，而幼儿园就如何实现以游戏为基本活动的探索，也已经进行20 多年——其意义不仅仅在教育内部，在微观上，突出了幼教不同于其他阶段教育的特点，在教育的内容和组织上实现了革命，更重要的是从教育外部环境条件（政策法规角度）保障了幼儿的游戏权利。尽管如此，

要真正地实现游戏为幼儿的基本活动，迄今为止，这仍然是一个世界性的难题。这说明，对于游戏，无论是在理论上还是在实践上，我们都还有很多的事情要做。既需要加深理论研究，达成共识，又需要强化实践探索，积累经验。

（吴玲　葛金国）

4. 游戏研究的新进展

德国诗人席勒，在一系列谈论审美和美育的书信中，提出了一个"惊世骇俗"的观点："只有当人在充分意义上是人的时候，他才游戏；只有当人游戏的时候，他才是完整的人。"在他看来，人生的最高、最完美的境界是游戏。席勒的游戏理论，除了成为艺术起源的重要学说，还被认为是一种具有深远意义的文化理论。因为他揭示了现代文明发展中人的异化和人性分裂问题，提出通过自由的游戏使人摆脱功利束缚的设想。①

游戏作为人类的基本实践活动，是众多学科——哲学、美学、神学、心理学、教育学、民俗学、人类学的共同研究对象。20 世纪末，科技迅猛发展，游戏作为人类基本实践和儿童的基本活动，受到科学家的高度关注。

刘焱等人认为，有关游戏的最新研究，可以概括为三种研究视野的三大领域：基于社会历史视野的人文学领域，基于脑生理发展视野的心理学领域，基于有目的干预的教育学领域。社会历史视野，主要关注游戏的社会文化含义、游戏的起源与演变、游戏的社会文化性格、"游戏期"的社会文化成因、游戏的文化传承功能；儿童发展视野，主要关注游戏的个体发生和发展、儿童游戏的特点和分类、影响儿童游戏的因素、儿童游戏的发展价值；教育干预视野，主要关注幼儿园游戏的性质和特点、游戏和课程、教学的关系、教师在游戏中的地位、游戏环境的创设、游戏材料的选择和利用。应该说，各个领域的科研，都取得了丰硕成果。

---

① 席勒. 美育书简［M］. 北京：中国文联出版公司，1984：90

一、与游戏有关的科研新进展

在计算机脑成像技术辅助下，科学家采用无损伤方式探索人类经验获得的神经机制，这为临床中开发游戏的发展功能提供了科学依据。在关于"游戏与人脑发育"的研究中，研究人员进行了"游戏剥夺"和"游戏依赖"的研究。研究表明，一旦儿童幼年时缺乏游戏，可能造成难以预料的发展障碍，甚至会产生脑神经器质损伤或一些不可逆转的缺陷。同时，对游戏依赖过度，尤其是网络游戏依赖（上瘾），严重的会产生脑机能紊乱，甚至发生不可逆转的改变。

在关于"游戏与经验获得"的脑科学研究中，戈尔曼提出人有两个大脑：理智脑和情绪脑、两个中枢、两种不同的智力形式。为此，研究人员进行了"游戏的理智脑研究"和"游戏的情绪脑研究"。"游戏的理智脑研究"表明，早年经验起到选择最佳的脑细胞，建构由其间起联系作用的突触所形成的功能模块，同时清除不被使用的潜在脑结构。这意味着人脑遵循着"用进废退"的原则，具有可塑性和易变性。游戏作为儿童重要的早期经验，它使幼儿大脑认知发展很好地伪装在看似无用的游戏中，因而理所当然地成为儿童认知经验的"隐形仓库"，智力发展的"推进器"。"游戏的情绪脑研究"表明，儿童在游戏中伴随着微笑、哈哈大笑、手舞足蹈和其他兴奋的表情。而儿童兴高采烈地尖叫时，通过父母的拥抱和鼓励，能够增强人脑生物电信号通过大脑形成稳定的回路。过度或持续的精神创伤，也会伴随着精神化学物质造成大脑的过度生理反应。情绪刺激越频繁，神经回路就越容易建立，这说明游戏是儿童情绪经验的"调节解码器"。目前，利用高科技大脑成像研究，也证明了由游戏引起的高级神经功能在幼儿社会性发展中的重要性。

二、关于游戏含义及特征的理解

游戏是什么？幼儿为什么要游戏？游戏对幼儿到底有什么价值？如何看待游戏的影响？这是"游戏理论"需要解决的任务，具体地说，就是对儿童游戏进行系统化理论解释。

《辞海》把游戏定义为"以直接获得快感为主要目的，且必须有主体参与互动的活动"。这个定义说明了游戏的两个特性：一是以直接获得快感为主要目的，包括生理和心理的愉悦；二是主体参与互动，这意味着主体的动作、语言、表情等变化与获得快感的刺激方式及程度有直接联系。对上述两个特性的强调，实际上回答了幼儿为什么要游戏的问题——自主地获得快感。传统上，人们把游戏分为智力游戏和活动性游戏两类。前者如下棋、积木、打牌等，后者如追逐、接力及利用球、棒、绳等器材进行的活动，多为集体活动，并有情节和规则，具有竞赛性。随着社会演化，游戏沿着两个方向发展，一是游戏的"教育化"，二是游戏的"娱乐化"。

游戏伴随着人的整个生命过程，是人类生活中最有魅力的内容之一，不管是儿童、成人、老人，一旦陷入游戏，进入游戏的状态之中，就会达到一种"忘我"的境界。显然，愉悦只是游戏必要的直接而表面的特征。尽管游戏十分愉悦，人类的游戏却并非只为娱乐而生，而是一个关涉全面的人类基本的"实践活动"；而对于教育领域中的游戏而言，它还是一个怀有教化社会规则、智力培养和生存技能培训乃至于娱乐的众多目标的过程，所谓"寓教于乐""寓乐于教"二者皆备。判断它是否是游戏的标准，就是看那些游戏的特征如愉悦性、想象性、自主参与性、内在目的性等。

三、关于游戏功能的再认识与实践的拓展

作为基本的实践活动，人们对游戏已有了很多理论解读和实践探索。就理论解读而言，这些解读就经历了早期的游戏理论，如剩余精力说、前练习说、复演说与松弛说；现代游戏理论，如精神分析的游戏论、认知发展游戏论、社会文化历史游戏论；后现代游戏理论，如游戏的唤醒论、游戏的元交际论，等等。应该说，这些理论解读已从多方面揭示了游戏的功能，如娱乐功能、保健功能、认知功能和沟通功能。但就总体而言，人们对游戏的本质、功能的了解还有进一步探索的空间。

　　事物所发挥的影响有正向的积极功能，也有负向的消极功能。游戏与其他事物一样，它的功能发挥也是有条件的，既可能发挥正向的积极功能，也可能发挥负向的消极功能。

　　（1）游戏的影响，并非"有百利而无一害"。事物都有两面性，过犹不及。游戏确实能愉悦身心，但沉湎于游戏，就会难以自拔，如网络成瘾；网络游戏确实能促进认知发展，但过分投入则可能抑制其他游戏功能的应有发挥，从而降低了游戏的整体功用。

　　（2）游戏功能的实现是有条件的。这不仅决定了游戏功能是否能发挥，还决定着游戏发挥什么样的作用。从游戏的脑科学可以明确，游戏剥夺和游戏依赖会造成脑的异常发展，而自发传统游戏能促进脑全面健康的发展。所以，游戏也是一把"双刃剑"。当然，专业的托幼机构，如幼儿园游戏，一般能保证游戏积极作用的发挥。

　　（3）游戏也有"好游戏"与"坏游戏"之分——所谓"好游戏"与"坏游戏"是以一定的价值观判断的结果。这是由游戏的社会性决定的，取决于具体游戏的"道德含量""智力含量""体力含量"和"美学含量"。具体而言，游戏对于儿童的现代意义，也是游移于"自由与规范""幸福童年与教育手段"等价值之间的。

　　可见，我们需要突破陈旧观念包括陈旧的科学理论的桎梏，在对待和发挥游戏功能的时候，既要看到游戏功能的两面性，注意游戏的选择，还要注意游戏环境条件保障和组织的适当。目前，我国游戏的实践拓展要重点关注的是：儿童游戏权利的社会共识与法规保障问题，游戏过程的指导与环境净化问题，游戏负向功能认识与游戏治疗推广问题等。

（吴玲　葛金国）

5. 游戏中的"留白"

　　为了使幼儿有更多自主学习、探索的空间，教师在教育活动中给幼儿留有一定余地，这就是幼儿教育中的"留白"。"留白"赋予游戏新的生命灵性，那份空白，让游戏盛开更美丽花朵。只有巧妙应用"留白艺术"，教育工作才会达到虚实相生、形神兼备的理想境界。没有"留白"的教育，缺乏自主自由，因而也是乏味和浅层次的。当然，"留白"并不等同于"空白"，幼儿教育活动中的"留白"，应是教师有意而为的。"留白"也不是简单的空无一物，而是"此处无景胜有景"。那么，如何让孩子成为学习的主人？如何在游戏中调动他们的积极性，让孩子自由探索、发现和表达？这是我们应当思考的问题。

一、让游戏设计"留白"

　　游戏活动是幼儿创造力发挥最有张力的时段。在游戏中，幼儿既轻松又投入，能力强的孩子不仅能自选角色、自主交往，还能克服种种困难，大胆提出建议。但也有一部分孩子不能大胆选择游戏，不敢主动与他人交往，不能正确大胆地评价自己与别人的行为，对自己缺乏信心，主动性差。因此，在游戏中培养幼儿的自主意识和能力是当前的迫切任务，它直接关系到幼儿将来的发展。

　　以前，在游戏活动中多以老师预设为主，如娃娃家、美食店、理发店、银行等，孩子们虽然玩得很开心，但是情节比较简单。我们尝试将班里的游戏活动从情节上进行了调整，留出一块"空白"区域，并将想法告诉孩子们。因为有了这样的自由，孩子们产生了许多新的想法。有想玩设计的，有想玩时装秀的，有想玩警察局的，还有想玩汽车城的。

尽管有的活动可以玩几天，有的玩一次就结束了，但是孩子们的意识有了变化，他们知道不一定非要按老师的安排玩游戏，可以自己决定玩什么。有了这一块"留白"，大大满足了孩子们自主选择游戏主题的需要。

游戏设计中如何留白？我们认为，结合所看到的现象，适当做些加、减题，留白便自然产生。爱玩是幼儿的天性，操作是幼儿思维的另一种表达方式。凡是幼儿能动手操作的，就让他们摆摆弄弄、拼拼凑凑；凡是孩子能说的，就让孩子去说；凡是孩子能想的，就让孩子去想；凡是孩子能做的，就让孩子去做。孩子是游戏高手，他们知道玩什么游戏过瘾，知道什么游戏不好玩，在玩的过程中，不仅他们得到了满足，老师也捕捉到了下次游戏兴趣点，如幼儿园里增加一扇门，肯德基里增加迎宾人员、服务员等。这些是教师留给幼儿思考的事物，是教师放手让幼儿操作的空间，是教师创设环境时留的空白。在这些"空白"中，充分发挥了幼儿的主动性和创造性。

二、让游戏材料"留白"

《幼儿园教育指导纲要（试行）》指出："幼儿园的空间、设施、活动材料和常规要求等应有利于引发、支持幼儿的游戏和各种探索活动。"活动材料的投放和提供是幼儿学习、游戏的重要依托，孩子是通过与材料的互动来获得发展的。区域游戏则是孩子通过材料来学习和获得发展的典型。材料投放的形式和数量将直接影响着区域活动的质和量。

比如，在以往的游戏中，老师们总是为幼儿准备足够的操作材料，并把它们一一摆好，使幼儿随手可得。这样，表面看来教师确实考虑得十分周到，准备得十分到位，但是，如果从幼儿的发展角度出发，材料的准备过于周到，是不是反而限制了幼儿解决问题能力的发展，导致了幼儿对教师准备材料的依赖性？因此，在区域游戏中，材料准备应有一定的留白。这种留白，不是不再认真准备教具，而是要从更多的角度考虑。

量的有意缺失举例：在中班游戏"哇，滚下来"中，老师要求幼儿能把所有的材料，在不同的三种坡面上进行实验，实验后在纸上记录。但是老师只准备了一部分的材料，当5~6名幼儿要用到所有的材料做实验时，就必须跟同伴商量，轮流使用材料。看似学具准备不充足，但这个小小的不充足却能促使幼儿之间相互进行交流，起到了不小的作用。

质的有意变化举例：在中班游戏"比一比"中，所需的纸应该是正方形的，但是老师只提供了长方形的纸，并没有像以前一样把纸一张张裁成正方形。孩子们拿到了这样的纸后，就必须自己动脑筋，把长方形变成正方形纸再进行实验。在自己亲手对所需材料进行加工的过程中，发展了孩子们独立解决问题的能力。

材料摆放的位置变化举例：在小班游戏"冲泡饮料"中，需要两种原料，一种是水，一种是牛奶，但老师只把水放在了操作桌上，而把牛奶放在了工具桌上，幼儿在操作桌上冲泡饮料时，发现没有牛奶就只能自己动脑筋，自己去工具桌上拿，在拿的时候还要注意不能将一大瓶奶全拿光，而是只倒自己需要的就行了，留下的别人也要用。这样一个小小的变化，既锻炼了幼儿独立操作的能力，又促使幼儿为别人着想。

三、让游戏空间"留白"

在游戏活动的空间布局中适度"留白"，有利于幼儿更主动地投入活动。在实践中，我们发现有的班级空间利用过度，预设环境过多，影响了幼儿的自主游戏与自我表达。我们要允许幼儿按自己的意愿"补白"。当幼儿获得对空间的自主权时，他们将萌生许多游戏愿望。他们可以在活动中再现已有的生活经验，交往水平和认知水平都会得到提高。

例举：我班开设了阅读区、科学区、美工区、益智区等室内区域。另外，在户外的长廊上，大班年级组还开设了共享区域游戏"青奥村"，包括建构区、金陵美食、保龄球馆等，孩子们可根据自己的喜好选择游戏。我发现可欣、多多和小小积极要求到室内阁楼的阅读区看书，正当其他的孩子在安静地进行各项游戏活动时，突然，小阁楼上发出了兴奋的大笑声，多多还兴奋得直跺脚，震得阁楼直响，原来她们并不是在阅读，而是在说悄悄话，说到高兴处不由得哈哈大笑，全然忘记了阅读区的规则和要求。

分析：随着孩子年龄的增长，他们之间交往的加深，孩子之间的友谊也更加牢固，需要较多交谈、交往、游戏的机会，因此，教师在设置游戏时，不妨给孩子留出一点空间，可以增加诸如"悄悄话""私密空间"之类的区角，给孩子一点空间留白。孩子可以在自己需要的时候，随时到这里宣泄一下自己的情绪，和好朋友说说悄悄话，做一些自己想做的事情，制造一些属于自己的小秘密……

另外，我们在创设游戏环境的时候，首先，应在预设环境中留有空白，例如，留出一部分墙面、矮柜背面、纸箱表面以及悬挂的网格等让幼儿"补白"，幼儿可以将其作为展示的空间。比如，孩子们近期对折纸很感兴趣，老师就提供这方面的材料。孩子们完成了作品后怎么办呢？我们将柜子的背面进行了边框的装饰，中间的空间留给了孩子们展示自己的作品，这样孩子不仅能够展示自己的作品，还能够欣赏其他小朋友的作品。其次，我们要适当降低空间的预设性。例如，设置较大块的区间，这种大而不完备的活动空间会促使幼儿去自主完善。又如，对幼儿园的已有空间不作过多预设，引导幼儿自主探索，并根据活动的需要去改变。我园在二楼的走廊创设了以"万达广场"为主题的游戏区域，我们利用可移动的柜子将区域分割成了几大块，不作过多的预设，让孩子们根据自己的需要进行布局。

可见，游戏活动的留白，赋予孩子更多的自主和选择，也能更好地培养孩子的个性与交往等综合能力。《幼儿园指导纲要（试行）》指出："教师在游戏中要发挥观察者、组织者和协助者的作用，正确处理教师在游戏中的地位，注意角色身份的转换。"在这里，实质和焦点是教师游戏指导的"留白"艺术，它要求教师的游戏指导以适时适度为原则。所谓适时，指教师介入指导的时间要适当、灵活；所谓适度，指教师指导要留有余地，不要简单直接地将答案告诉孩子，而应尽量让孩子去学习、去探索、去发现，使游戏真正成为孩子自己的活动。教师的游戏指导，要留下悬念，给幼儿提供充分的尝试机会和条件，从而使探究活动得以持续和深化。

（李玲　王莉）

附录：幼儿园课程的经典模式

他山之石，可以攻玉。"模式"的实质，就是解决某一类问题的方法论。把解决某类问题的方法，总结归纳到"理论高度"，那就是模式。只要是一再重复出现的事物，就可能存在某种模式。实践模式就是描述一个在管理中不断出现的问题，然后指出该问题的解决方案的核心。本专题呈现当今世界具有重要影响的教育方案、课程计划和组织模式，力求大家形成基本认识，从而在比较分析中体会利弊长短，为"洋为中用"提供实践参照。

1. HIGH/SCOPE 课程

High/Scope 课程的开发始于 1962 年，20 世纪 80 年代后它在竞争中脱颖而出，在美国学前教育中广泛应用。该课程的特点是，把主动学习和知识的建构作为课程的核心思想，不仅通过关键经验重视幼儿的认知，还通过师生互动和家园合作来关注幼儿的社会性发展。由此，该课程从认知中心课程变成认知发展课程。目前，High/Scope 课程致力于"在幼儿身上发展广泛的技能，包括解决问题、人际关系以及在日新月异的社会中实现成功生活所必需的交流技能"。旨在"促进学习的自发发生与认知结构的发展，并且拓展幼儿不断出现的智力与社会技能"。High/Scope 课程的内容架构由主动学习、教室布置、每日时间表、评价和课程内容等五部分组成。作为以皮亚杰认知理论为基础形成的课程模式，High/Scope 课程为我们提供了一种以建构主义为基础的课程模式，它对我国幼儿园课程建构的启示体现在课程理念、设计、实施和评价等各个层面。

2. DAP 方案

DAP 方案是《0~8 岁儿童适宜发展课程》（Developmentally Appropriate

Practice in Early Children Programs Serving Children from Birth through Age 8）的英文简称。作为由全美幼教协会于 1987 年正式声明的一套幼儿教育准则，DAP 方案对美国幼儿教育产生极大影响——该年出版的 DAP 到 1996 年已经再版了 12 次（1997 年进行一次修订）。DAP 的施行有两个基本假设：一是只要教师把握住了 DAP 建议遵循的原则，无论教学内容是什么，都应该是适宜幼儿发展的课程；二是幼儿教师是专业人员，是具备专业知识和专业能力的，他们必须根据幼儿的实际情况去安排、决定适宜的学习经验。许多州府教育当局将 DAP 作为政策决定、评价和辅导本行政区幼教机构的标准，以指引幼教前进方向。

3. 方案教学

方案教学，又称设计教学。早在 1918 年，在杜威进步主义教育思想的影响下，克伯屈发表了《方案教学法》（我国多译为《设计教学法》）一文，倡导该教学模式。美国著名儿童教育家凯兹倡导方案教学。方案教学的特点是主题、课程活动内容进行的方向、方式、时间长短，几乎完全来自于孩子的构想，而不是老师预设的——教师的重要任务是捕捉和设计方案教学的实例。老师需积极鼓励幼儿通过口语、肢体、艺术创作等表达感受，敏锐地观察他们的兴趣、能力、反应并深入理解他们的想法和旧经验，协助孩子拟定、执行、评估、修正学习计划，从实际观察、探索、操作、实验的过程中生成、建构新的概念。提倡方案教学，可使儿童在综合性活动中自由探究、拓展潜能。而这也对教师的心智提出了挑战，从而保证了教学效果的提高。

4. 瑞吉欧模式

瑞吉欧是意大利东北部的一座城市，该流派是以意大利教育家洛利斯·马拉古兹的学前教育实践和理论为核心形成的，人们称这个综合体为"瑞吉欧·艾米里亚体系"。马拉古兹确立的儿童观主要有：儿童具有丰富的潜能，拥有自己的权利，他们是有差异的，有主动学习的愿望，儿童是"关系"中的儿童。在这里，环境被视为儿童的"第三位老师"。在该模式中，幼儿、家长和教师共同构成生命有机体，教师和家长在学前教育中的作用不可或缺。

5. "华德福"教育运动

华德福教育或华德福学校来自音译（Waldorf School），它是一种以人为本、注重身体和心灵整体健康和谐发展的全人教育实践模式。华德福教育的创办者是奥地利教育家史代纳（R. Steiner）（1861～1925年），他于1919年在德国创立第一所华德福学校。华德福的教育本质，是洞察人性、培植善端，着力人的身、心、灵三元的和谐发展。为此，华德福教育的课程设置，要求根据儿童意识发展规律——7年一个周期，针对儿童的身体、生命体、灵魂体、精神体的身心发展，进行分阶段（以7年为一个周期分为4个阶段）的有所侧重并整体保持平衡的教育。华德福教育注意结合儿童与生俱来的智慧和独特的个性进行深层意识教育，从而协助儿童的智慧生成，最终达到具有超越物质、欲望和情感的独立思考能力，实现自我，做心灵自由的人。历经近百年发展，华德福理念得到广泛传播，华德福学校遍布各大洲不同文化背景和价值观的国家，成为规模宏大的非宗教的独立教育运动。

（吴玲　葛金国）

延伸与讨论指南

• 与中小学课程相比，幼儿园课程有何特点？对我们一线教师来说，课程究竟意味着什么？

幼儿园课程不仅包括教学活动，还包括游戏、生活等活动。幼儿园课程的模式更具备综合性的特征，不是单纯地传授分门别类的知识；幼儿园课程更强调生活化、直观性及动手操作，不是单纯的静听。对于一线教师来说，幼儿园课程就是指一日活动中的所有内容。因此，要提升课程的质量，不能忽视任何一个环节。

• 理论上说游戏就是完全让孩子玩，但幼儿园中完全放羊式的游戏是不多的，究竟游戏与教学有何区别与联系？在课程中应如何处理两者的关系？

幼儿园活动应该以游戏为主，让孩子有更多的游戏时间是对幼儿园课程的合理要求。但纯粹"放羊式"的游戏确实不多见，因为现实中的活动往往不是纯粹的游戏活动，而是交织着教育的目标和要求。教学与游戏在现实中难以截然分开，两者有效的结合是课程实施的关键所在。以游戏为主，要求幼儿园课程较多地体现游戏的特征或精神。

• 现在幼教界热衷提"生成课程"，这样老师就不需要设计课程了吗？生成课程与游戏是不是一回事？

"生成课程"的提出意味着幼儿园课程理念的一种变化，即强调源于孩子真实的生活经验产生课程，尊重孩子的兴趣和自主性，以使课程更符合孩子的特点，提升课程实施的效果。但"生成课程"并不是全新的提法，幼儿园课程一直存在着对教与学、教师与幼儿关系的处理的基本问题。"生成课程"并不意味着老师就不需要设计课程了，只是更加强调"生成"，预设的课程仍然是可以并存的。

游戏的精神符合"生成课程"的观念，但"生成课程"是针对整个课程而言的，游戏只是课程的一个方面，但它是最重要的一个方面。

第五辑　世界学前教育的历程

- 福禄倍尔：幼儿园之父
- 蒙台梭利："蒙氏教育"的当代价值
- 世界学前公共教育的发展
- 当代学前教育新思潮

导　　读

本辑包括 4 个专题和 1 个附录，以世界学前教育的历程和趋势为线索展开。

在"福禄倍尔"专题中，我们指出福禄倍尔对学前教育具有里程碑性的贡献，以福禄倍尔的人生道路为线索，梳理他成为幼教之父的思想实践，重点考察福禄倍尔平凡伟大人生对幼师职业人生的启示。

在"蒙台梭利"专题中，我们明确回应社会关切的问题，指出从事幼教工作，不能不研究"蒙氏教育"。专题围绕"蒙氏教育"的核心，以及我国幼教可从中获得的启示等问题展开讨论。

在"世界学前公共教育的发展"专题中，指出学前公共教育是一定社会历史条件下的产物，进而把世界学前公共教育历程，划分为初创阶段、确立阶段和发展阶段，在以生产力为基础包括广泛社会因素背景的视野下，全面把握它的发展历程和规律。

在"当代学前教育新思潮"专题中，探讨了当代学前教育实践背后的思想脉络，分析了人类发展生态学理论、多元智能理论、建构主义理论、后现代主义理论等对学前教育的深刻影响。

本辑的附录，是"当代学前教育的共同主题和趋势"，从国际社会共同面临的主要问题，如发展失衡、保教缺乏、偏重智力、师资偏低等出发，进一步探讨了国际学前教育发展的基本趋势；这些趋势集中体现在政府责任、师资培养、质量保证、多样发展和交流合作等方面。

1. 福禄倍尔：幼儿园之父

福禄倍尔（Fredrich Froebel 1782～1852年），德国著名教育家，有"幼教之父"之称。在福禄倍尔的人生中，瑞士教育家裴斯泰洛齐的影响巨大而深远。福禄倍尔先后两次访问裴氏工作的伊佛东学院，第二次还留在裴氏身边工作了两年。1837年在勃兰根堡开办学前教育机构，并于1840年命名为"幼儿园"（Kindergarten）。福禄倍尔认为，教育的目的就在于揭露潜存于人体内的"神的本原"，儿童具有活动、认识、艺术和宗教的本能，教育就是促进这种本能发展的过程。以这种思想为指导，福禄倍尔建立了他的学前教育理论体系。福禄倍尔把游戏、作业和劳动等活动作为培养教育幼儿的基本形式，创制了一套名为"恩物"的玩具。福禄倍尔主要著作有《人的教育》。福禄倍尔的理论和实践影响了欧美幼儿教育，进而影响了世界公共教育机构，推动了幼儿教育事业的发展，也影响了欧美小学教育、教学。可谓"现代幼教第一人"。

从事学前教育工作，很少有不知道福禄倍尔的。由于大家对福禄倍尔的幼教思想，已有了不同程度的了解，因此，本专题的讨论主要选取福禄倍尔的人生道路，了解他的思想实践，重点是对幼教工作者职业人生的启示。

一、丧亲失爱的"苦难童年"

1782年，福禄倍尔出生在德国一乡村牧师家庭，经历了一个称得上"苦难"的童年。

　　福禄倍尔的父亲是个思想正统、对自己要求极严格的人。他整日为教区居民的各种问题奔忙，根本无暇顾及家庭，更不要说了解照料自己的孩子了。福禄倍尔的生母，在他还是婴儿时就去世了。幼年丧亲，是人生第一大不幸。而继母对他很苛刻，因此福禄倍尔没有受过良好的家庭教育，这使他身心受到很大影响。后来，福禄倍尔在自传中说："母亲的死给我的打击很大，影响了我整个生命的环境和发展。"人生幼年丧亲失爱的苦难，是可想而知的。

　　直到 10 岁，福禄倍尔才入小学。他的学业成绩并不好，甚至被教师和父母认为是"蠢笨的孩子"。好在不久，福禄倍尔被送到舅舅家，在那儿，福禄倍尔获得了自由、慈爱和同情，享受了正常的学校生活。15 岁时，福禄倍尔回到家乡。他跟着一个林务官做学徒，两年后，他弃职回家。

　　对于十七八岁的福禄倍尔来说，他没有受过系统完备的基础教育——其中包括丧亲失爱的家庭教育（幼儿教育），迟到、失败的初等教育，不规范、不完全的中等教育。他经历学业失败、在家"待业"和家人的冷漠，这是一段灰暗的日子。

二、坎坷而充满机缘的从教之路

　　因为机缘巧合，1800 年，福禄倍尔进入耶拿大学学习。

　　当时，在耶拿大学周围，居住着一批德国文化界名人。这些人，经常在那里讲学、演讲、演出，福禄倍尔积极投身于这个氛围中。两年内，他一边学习哲学、数学、物理、建筑学、测量学和化学等课程，一边吸收着教师和有识之士的精神养料。对于他这样一个因童年经历逼得性格内向、缺乏自信的青年，这两年无疑是一段阳光灿烂的日子。但是，这样的日子不久就结束了，他陷入了债务危机，被迫中止了学业。

　　此后，他一边工作，一边不忘自学。

　　一次偶然的机会，福禄倍尔访问了一所由裴斯泰洛齐学生管理的学校（裴斯泰洛齐是瑞士民主教育家，早年受卢梭思想影响。他热爱教育事业，对教育革新执着追求，教育理论上颇多创见，为教育工作者树立了崇高形象。当时，不少地方的人士慕名向他请教）。由于该校崇尚裴氏的教育思想，福禄倍尔被裴斯泰洛齐强烈吸引，他对儿童、教书产生极大兴趣。23 岁那年，通过朋友引荐，福禄倍尔成为了这所学校里的一名教师，从此开始了教育生涯。他后来曾经说："从第一个小时起，这个职业对我来说就显得是不生疏的……我感到自己很久以来就已经成为一个教师了。"福禄倍尔发现，自己天性适宜于教学工作。

三、在探索中倾心幼教

但是，福禄倍尔知道，要想真正获得教育上的成功，还需要大量训练。为此，他先后两次，专门到裴斯泰洛齐工作的学校——伊佛东学院学习裴氏的教育经验。第二次，他索性留在那儿，一边做裴氏的学生，一边在校担任一定的教学。同时，他继续钻研动植物、矿物、物理、化学等自然科学。1811 年，福禄培尔重返大学，学习数学、自然科学等。此后，他当过兵，也在大学从事过科研工作。也就是说，福禄倍尔的高等教育经历，也是在时断时续、边干边学，以学以致用和勤工俭学的方式进行并逐渐完成的。

1817 年，福禄倍尔在故乡创办一所学校，实验裴斯泰洛齐教育主张，目的是使学生的各种能力得到均衡发展。他提倡自由，大部分教学采用游戏的方式，让学生自我表现、自由发展，并参与社会生活。他极力反对教给学生不能理解的概念，反对呆读死记。当时，德国反动势力猖獗，一度压制、摧残他的教育实验，封闭了他创办的学校，福禄倍尔被迫流亡瑞士。1826 年，福禄倍尔写出《人的教育》一书。这本书系统地阐述了福禄倍尔的教育主张，是他的代表作。

1837 年，福禄倍尔回到祖国，在风景优美的勃兰根堡，设立"幼童活动学校"，招收 3～7 岁幼儿，实施自己的教育理想。对于办学理念，福禄倍尔有两个重大观点：第一，幼儿需要一种特别设计的经验，来唤醒他们的能力，刺激智力活动，组成本性的内部结构；第二，母亲在孩子的基础教育中，起着十分重要的作用。为了使儿童正确发展，母亲必须先受一定的教育训练，他的《母亲的游戏和儿歌》，由此而诞生。这是一本帮助母亲进行正确儿童教育的著作。此后，还有很多作品，也是直接为了幼儿园教学或幼师训练而写的。

四、实至名归的"幼儿园之父"

在实施教育理想和办学实践中，福禄倍尔认为，学校应该建在风景优美的环境里；儿童就像植物，教师就是园丁，学校应该像座花园。于是，1840年，福禄倍尔把自己所办的"幼童活动学校"正式命名为"幼儿园"——取义是，孩子们的像花园一样的乐园。这是国外历史上最早以"幼儿园"命名的学前教育机构，福禄倍尔由此获得"幼儿园之父"的称号。

为了训练幼儿园教师，福禄倍尔同时开办了训练班，出版了《慈母曲》《歌曲和游戏一百种》等学前教育著作。

福禄倍尔在教育史上被誉为"幼儿教育之父"。他把学前教育放在极重要的地位，最早系统论述了幼儿教育，创新了学前教育的理论实践。福禄倍尔认为，幼儿时期是人生的非常重要的阶段，人的整个未来生活全部植根于这一生命阶段……取决于他在此阶段的生活方式。假如儿童在此阶段遭到损害——假如存在于他身上的生命之树胚芽遭到损害，那么，他必须付出最大艰辛和最大努力才能成长为强健的人。一个能干地、平心静气地、坚忍不拔地坚持游戏的儿童，必然会成为一个能干的、平心静气的、坚忍不拔的、能够以自我牺牲来增强别人和自己的幸福的人。福禄倍尔特别强调游戏在学前教育中的独特地位，认为儿童早期各种游戏是"整个未来生活的胚芽"，是人在早期发展阶段最纯洁的精神产物，它给人以欢乐、自由、满足等。福禄倍尔高度评价学前教育和游戏的作用，为此他制定了一个完整的儿童游戏体系。

从此，福禄倍尔成了幼儿园的象征，幼儿园成了福禄倍尔的生命。晚年的福禄倍尔，一方面，努力兴办幼儿园，解释它的基本原理，制作游戏玩具，编写适合儿童唱的歌曲；另一方面，到各地推广幼儿园运动，培训幼儿教师——到处办学校、搞教学、作讲演，向所有愿意倾听的人解释自己的观点。福禄倍尔在克伊尔霍经营了一所师范学校，第一批学生是四个年轻小伙子，第二年又有三位姑娘入学。后者的表现和成就，使福禄倍尔确信，受过良好训练的年轻女子，是幼儿的最好教师。于是，他着力培养年轻的女幼儿园教师。

　　思想需要碰撞，文化需要传播。作为一个伟大的教育家，福禄倍尔不仅有思想、有信仰，还努力践履。他不仅自己四处推行关于幼儿园的教育思想，他的助手和推崇者们也努力在欧美大陆传播大师的思想和实践。然而，当时德国的专制政府对幼儿园运动态度并不友好，统治者对渗透于幼儿园中的自由自主活动的精神感到恐惧。但是，"满园春色关不住"，其他欧美国家也相继建立了这种全新学前教育机构，特别是美国，对福禄倍尔的思想和方法表现了最大的欢迎。在短期内，美国各地纷纷建起幼儿园。由此，"墙内开花墙外香"，福禄倍尔的幼儿教育思想传遍了全世界。

　　1852年夏天，福禄倍尔在安详宁静中逝去。在他墓碑上镌刻着诗人席勒的话："来吧，为我们的儿童生活吧!"这，就是有"幼教之父"之称的福禄倍尔：正如他的中文译名，给无数儿童带来无限福音的福禄倍尔的平凡而伟大的人生。

本专题讨论与启示之一（建议围绕平凡而伟大的人生展开）：
- 人生不如意者十之八九；
- 天生我材必有用；
- 幸运（机遇）总是垂青有准备的人；
- 发现并根据自身兴趣所长努力，总会有所收获。

本专题讨论与启示之二（建议围绕幼儿园和学前教育传统展开）：
- 花园学校和幼儿园环境创设；
- 幼儿园教学以游戏为主要形式；
- 丰富多样的玩具提供；
- 训练教师；
- 女性教师主体等。

（吴玲　葛金国）

2. 蒙台梭利："蒙氏教育"的当代价值

"蒙氏教育"是以意大利女教育家蒙台梭利（Maria Montessori，1870～1952年）的名字命名的。1909年，蒙台梭利写成了《运用于儿童之家的科学教育方法》一书。随后几年，该书很快被译成20多种文字。100多个国家引进了蒙台梭利教育法，欧美还出现了蒙台梭利运动——蒙台梭利学校已遍布各大洲。"蒙台梭利教育法"在世界范围内引起了一场幼儿教育的革命。

蒙台梭利认为，儿童具有巨大的潜能，个体生命的发展是走向独立。通过具体的练习如生活基本能力练习、五官感觉练习、智能练习（语言、数学、科学）等形式，可以形成健全人格的基础。蒙氏教室是一个小社会的雏形，提供了培养儿童情感智商的环境。孩子在其中学会尊重别人，接受别人，学习如何分享自己学会的知识技巧，学会如何领导别人。"蒙氏教育"课程包括感觉、动作、技能、语言和道德发展等，使个体成为一个身心合一的人。"自由"与"纪律"合一，"个性"与"群体"兼顾。启发幼儿，使他们有能力解决困难，以适应新的环境，实现自我构建和心智的发展。

从事幼教工作，很少有不知道"蒙氏教育"的。而"蒙氏教育"推广百年，也取得了丰硕的成果，其理论不断完善和发展，得到世界各地包括中国幼教界的普遍推崇和认同。

早在20世纪初，随着《蒙台梭利教育法》中文译本的出现，"蒙氏教育"就传入我国。当时陈鹤琴先生评价说："她的努力和功绩，揭开了幼稚教育新篇章，使幼稚教育耳目一新。"1914年，江苏省成立了"蒙台梭利教育法研究会"，1923 年，国立北平女子师范大学附属蒙养园，开办了两个蒙台梭利班。这些是"蒙氏教育"传入之初的情况。可见，当时我国与世界其他国家同时接触了"蒙氏教育"。它一经引入，即受到国内幼教界的欢迎。但处于 20 世纪前期的中国，国家衰弱，人民贫困，幼稚园的数量极其有限，无条件实施"蒙氏教育"，因而"蒙氏教育"未能传播开来。

新中国成立后，全面学习苏联，将西方幼教思想及幼儿教育家均视为资产阶级性质，持批判、否定的态度。"蒙氏教育"也未能幸免，被冠以唯心主义世界观、资产阶级儿童中心主义、资产阶级的自由主义教育、机械的感官训练、以轻度弱智儿童的教育来教育正常儿童等，遭到全盘否定。其后果是，阻碍了人们全面真实地了解蒙台梭利其人及其教育思想，更说不上采用了。

改革开放以来，各种教育思潮先后传播进来，诸多现代学前教育流派各具特色，拥有一批追随者。但就影响之广而言，当首推"蒙氏教育"。蒙台梭利教育法的独特魅力，源于对儿童的研究与了解，强调遵守儿童的敏感期，激发儿童自身潜能，在愉快的环境中发展孩子独立、自信、专注、创造等品质，为孩子的成长打下良好的素质基础。

当下中国，无论是公办园还是民办园，都不乏蒙氏教育的拥护者、实践者。当然，在"蒙氏教育"兴盛的同时，也有人冷眼旁观，提出了批评意见。有人认为这是盲目跟风，举办者抓住家长望子成龙，为孩子舍得消费的心态、崇洋的心理而开办蒙台梭利实验班（园）；也有研究者指出，蒙氏教学法将对智障儿童教育方法运用于正常儿童，效果令人怀疑。

在我们看来，推崇也好，反对也罢，"蒙氏教育"持久不衰却是不争的事实。这其中一定有它存在的原因。限于篇幅，这里我们主要从微观教学的角度，提出几点认识，与大家讨论和分享。

（1）蒙氏教学的开放性，扩大了它的影响力。蒙台梭利教学法，之所以能在世界上产生广泛影响，与其创始人不遗余力地宣传、毫无保留地传授有很大关系。为了传播自己的教育体系，蒙台梭利除在国内开设训练班外，还在美国、英国、法国、德国、荷兰、西班牙、奥地利、锡兰（今斯里兰卡）、巴基斯坦和印度等国开设国际训练课程，培养蒙台梭利学校的教师。此外，国际蒙台梭利协会也进行了积极的活动。蒙台梭利在演讲中说：

"我的目的在于所有儿童的发展，我更大的目的在于人类的最终完善。"正由于这种伟大的情怀和贡献，蒙台梭利曾被提名为"诺贝尔和平奖"的候选人。"她的工作的普遍性使她成为一个世界公民"，她被誉为在世界幼儿教育史上，自福禄倍尔以来影响最大的人。至今，蒙氏课程在世界许多国家仍然可以见到，它也在不断传播中得到提升。反观国内不少的幼教理论与实践，虽然也在不断研究，不断产生科研成果，然而似乎更多满足于自我陶醉，往往忽略成果的推广与运用。真正能对实践产生深远影响的研究，却寥寥无几。一些名园所、名师似乎过于看重自己的"知识产权"，公开活动遮遮掩掩，生怕自己的独门密器被别人掌握。保守与狭隘的最终结果，导致国内的幼儿教育各自为政，难成大器。重复的探索研究，则浪费了时间、人力和物力，形成不了广泛认可的幼教体系。

（2）蒙氏教学的操作性，提高了它的应用率。作为成功的教育体系，"蒙氏教育"不仅拥有较完备的理论，还有一套成熟的教材、教具和方法。可以通过系统培训帮助教师掌握，加以应用。朱家雄教授曾说过："有人曾经问我，为什么瑞吉欧、方案教学等教育方案不像蒙台梭利教育那样能够到处生根发芽？我的回答很简单，因为蒙台梭利教育具有较强的'可操作性'，老师知道每天该做些什么。"知道该做些什么以及怎么做，对一线老师来说十分重要。目前，国内的幼儿园班额普遍较大，教师带班任务繁重。带班之余，还要思考明天教什么，后天做什么，老师们大多会感到力不从心。实行课程改革之后，我国再也没有统编教材、配套的教具学具出现了，从环境创设到教学内容、区角材料都要靠各园所自己选（编），各位教师自己创造、制作。不仅如此，各幼儿园还要制订课程实施方案、组织落实、评价监督、培训教师，这些对园长、老师来说，真是不小的负担，对他们的专业发展也是极大的挑战。具有操作性的教育方案，既能保证教育效果的确定性，也会减轻使用者的压力，因而最受一线幼教工作者的欢迎。教师们如果觉得某课程或方案好学好用，就会积极主动地吸收，自觉地加以运用。反之，即使理念先进超前，而操作手段缺乏，也注定走不远。这样的改革，最终会因为执行者的不理解不会做而受到抵触。

（3）蒙氏教学的显效性，增强了它的认可度。"蒙氏教育"的内容由四个方面组成。它们是：日常生活练习、感官训练、肌肉训练和初步知识的学习。自由、作业和秩序是蒙台梭利为儿童营造的三根支柱。这些都具体明确，与幼儿的现实生活和将来的学习息息相关。从出生就接受"蒙氏教育"的两岁多的小姑娘，就能用刀切黄瓜、用安全剪刀剪纸，四五岁更是飞针走线、挑花刺绣。在蒙氏活动室看到的幼儿，都是专心致志、安静有序地"工作"，并能坚持很长时间。这样外显的教学效果，很容易赢得参观者的赞赏和家长的肯定；而来自外界的认可，则进一步加强了教师的信心，促进她们更努力地使用蒙氏教学法，由此，进入良性循环。教育内容和效果的显性化还有一个益处：就是方便教师观察评价、适时指导、调整策略。相对于"情感、态度、价值观"这些务虚的教学目标而言，偏重于训练的蒙氏教学更容易把握、检测。

当然，不可否认，蒙台梭利方法本身也存在着理论上的缺陷，例如其对想象性游戏的忽略，教具操作的机械性和形式主义等。在"蒙氏教育"推广的过程中，也有对蒙台梭利思想本身的误解和误读，以及自诩为正宗的蒙台梭利组织的话语霸权等。

总之，存在的本身，就意味着它有某种合理性。对待"蒙氏教育"，我们要持客观开放的态度，辩证地吸收，创造性地加以运用。对"蒙氏教育"热的出现，我们要冷静思考，借鉴它的成功之道，弥补我们工作的不足。在未来幼教发展中，我们也应在以人为本的原则上，遵循系统开放、实用显效的经验推广规律。

（张红玢）

𝒮. 世界学前公共教育的发展

霍力岩博士提出，以社会生产力发展水平为参照系，可将世界学前公共教育的发展划分为初创、确立和进一步发展等三个阶段，它们分别与第一次、第二次和第三次工业技术革命的影响相对应。我们认为，应当在以生产力为基础的包括广泛社会因素背景的视野上，全面审视和把握世界学前公共教育发展的历程和规律。[①]

现代意义的公共学前教育，正式出现于 19 世纪初的欧洲。作为一种社会现象，学前教育与社会紧密联系，它的产生和发展受到历史条件的制约，最早可以追溯到 17 世纪后期的贫民婴幼儿保护和养育设施。

一、初创阶段

世界学前公共教育的初创阶段，与使用蒸汽机为标志的第一次工业技术革命密切相关。学前公共教育产生于妇女就业谋职、解除母亲后顾之忧的需要。

了解初创阶段的世界学前公共教育的重要事件，要重点关注三个问题：第一，世界上第一所幼儿教育机构的创立。英国空想主义者欧文于 1816 年在英国纽兰纳克创办的"幼儿学校"，招收 2~6 岁的工人子女，不仅解除了妇女的后顾之忧，而且也为儿童创造了身心发展的良好环境。

---

① 参见霍力岩. 工业技术革命背景下世界幼儿教育的发展历程 [J]. 北京行政学院学报，2000 (5)；白乙拉. 世界幼儿教育发展历程 [J]. 中国民族教育，2008 (6)

第二，世界上第一所幼儿园的创立。德国教育家福禄倍尔 1837 年在勃兰根堡创立新型幼儿教育机构，1840 年正式命名为幼儿园。从此，幼儿园这一名称便被世界各国托幼机构广为采用。福禄倍尔研究了幼儿园的工作内容和教学方法，创制了幼儿园里使用的专门教具（恩物），创立了幼儿园教育的体系，并开办讲习班，培训了大批幼儿教师。他的学前教育思想产生了广泛影响。第三，几个主要发达国家公共学前教育机构的创立。此阶段除了英国、德国外，法国、美国、日本等主要资本主义国家的公共学前教育机构也纷纷创立。

二、确立阶段

世界学前公共教育的确立阶段（19 世纪末至第二次世界大战），与工业电气化和农业机械化为标志的第二次工业技术革命密切相关。总的说来，这一阶段学前公共教育，已经有了越来越多的理论指导和实验基础，其中的"教育"因素已超过"照顾"因素，真正意义上的"学前教育"确立。

确立阶段的世界学前教育，表现为三个特点：第一，增加了幼儿教育机构中的教育因素。随着初等义务教育的普及，社会对学前教育的需求日益扩大和提高。家长的进一步要求、学前教育的重要性和相关实验实践等，使学前教育增加了"教育"因素。第二，通过立法明确了幼儿教育的地位。各国政府纷纷通过立法形式明确学前教育在整个教育体系中的性质和地位。这是与普及初等义务教育后，社会关注点的下移密切联系的。第三，形成了一些幼儿教育的理论和方法体系。此阶段各派教育理论非常活跃，对学前教育也有很大影响。如杜威实用主义思想和欧洲新教育思潮，都对当时各国学前教育产生了重要影响。

与此相应，学前教育的理论和方法体系也逐步形成。典型代表是蒙台梭利及其"蒙氏教育"。1907 年，蒙台梭利在罗马成立"儿童之家"，创立独具特色的"蒙台梭利教育法"，该法尊重幼儿，主张让幼儿在活动中自动学习。蒙台梭利也因其教育法的广泛传播，被人们誉为 20 世纪这个"儿童世纪"的"代表"。

三、发展阶段

世界学前公共教育的发展阶段，与信息革命为标志的第三次工业技术革命密切相关，它从 20 世纪中期开始，直到现在还在进行中。此阶段，在技术革命和脑科学研究的推动下，社会对人的素质提出了前所未有的新要求。

世界各国学前教育，表现出三个方面的共同趋势：第一，制定法律法规，保证和促进学前教育的资源保障和规范化。在此阶段，各国纷纷通过政策宣示、法规保障和"计划推进"等"国家意志"的形式，表达政府对学前教育的重视和要求，并用法律强制性保证它的落实，从而使资源更有保障，社会可控性也得到增强。第二，学前教育的国际交流和合作加强。第二次世界大战后期，联合国儿童基金会成立，它的工作是在儿童福利、保护和教育方面促进国际合作。1948 年，世界学前教育组织（OMEP）成立。1959 年，联合国大会通过《儿童权利宣言》。1989 年，联合国大会通过《儿童权利公约》。这一国际公约表明人类决心"将最宝贵的东西给予儿童"，并为儿童权利保护制定了一套全面的国际法律准则，包括中国在内的许多国家成为缔约国，这是对国际社会作出的保障儿童权利的庄严承诺，构成新时期中国学前教育改革发展的国际背景。除此之外，这一阶段各个国家和地区之间，还开展了大量相关交流合作活动。第三，世界各国学前教育发展，无论在广度上还是在深度上都得到前所未有的提高。这是与整个人类社会历史背景密切联系，体现了世界公共学前教育的进一步发展趋势。如果说，初创阶段的学前教育以保育为主，确立阶段其教育因素迅速增加，而在发展阶段就是进一步走向全面、深入和多元化。

小结：纵观世界公共学前教育产生发展的历程，人们不难清晰地看出它的发展线路图和阶段性特征。从产生看，世界公共学前教育具有某种"同源性"：德国福禄倍尔开创的思想实践，对世界现代学前教育的重大影响。近 200 年来，各国学前教育不断总结经验，进行分化和深入，目前正在实现基于民族文化的本土化发展。这一方面体现了世界学前教育的整体发展轨迹，另一方面反映了各国学前教育的独特之路——显示出普遍性与特殊性、国际性与民族性、连贯性与阶段性相统一的特征。

（吴玲　葛金国）

4. 当代学前教育新思潮

作为一线教师，经常疲于应付各种学前教育改革的新举措，也时常步入各种由新名词、新术语所交织的"理论迷丛"，还会盲目地陷入人云亦云、亦步亦趋的对所谓"先进"的模仿中。或许，只有站得高，才能看得远；也或许，只有洞悉本质，才能拨开云雾，豁然开朗。理论，并不是少数人研究的专利，也应为大众所参与。一线教师如果对当代学前教育思潮有所了解，或许可以更自信、从容地面对工作。

改革开放之后，各种新思潮涌入中国，教育理论界也从西方社会科学的发展中汲取新的营养，并指导中国的教育实践。学前教育理论作为教育理论的一个部分，除了在当代教育理论的基本框架下建构自己的理论体系外，也兼收并蓄各种社会思潮，充实和丰富着学前教育理论体系，指导当下学前教育实践。可以说，自上世纪 80 年代以来 30 多年的学前教育实践，也是学前教育理论界立足中国学前教育实际，兼收并蓄各种思潮，努力创建新的学前教育理论体系的过程。以下几种有代表性的社会科学理论或思潮，对中国当代学前教育理论的建构和实践的影响是很明显的。(笔者略作归纳)

一、人类发展生态学理论

这种理论的代表人物是美国心理学家布朗芬布伦纳（Urie Bronfenbrenner），他提出了著名的生态系统理论。

布朗芬布伦纳在其理论模型中将人生活于其中并与之相互作用的不断变化的环境称为行为系统。该系统分为四个层次，由小到大分别是：微（观）系统、中（间）系统、外（部）系统、宏（观）系统。这四个层次是以行为系统对儿童发展的影响直接程度分界的，从微观系统到宏观系统，对儿童的影响也从直接到间接。布朗芬布伦纳生态系统理论的行为系统模型见下图。这个模型还包括了时间维度，也就是说，他强调将时间和环境相结合来考察儿童发展的动态过程。

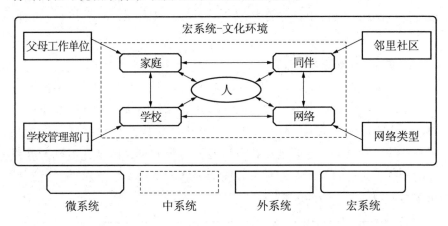

布朗芬布伦纳生态系统理论行为系统模型图

比如，对幼儿而言，同伴、家庭、幼儿园是作为微观系统而存在的，都会对幼儿产生切实的影响；而微观系统之间的关系也会影响到幼儿的发展，比如说家园是否一致，家庭教养方式会影响到同伴相处，这个关系和联系就是中间系统；那些幼儿虽未亲历其中但也会对幼儿产生影响的被称为外部系统，比如父母的工作单位很忙，势必就会影响和孩子的相处；宏观系统就是大的社会环境，如当今传媒的发达、城市化的进程、社会的变革等也都会对幼儿的成长产生影响。

这种理论首先为学前教育（甚至扩展到社会科学的各个领域）提供了一种宏观的视角，一种广阔的思考学前教育问题的方式，即不囿于学前教育内部来思考和解决问题。如果把个体成长的环境看作是一个相互关联、密切联系的生态链条，那么任何一个环节的改变都可能"牵一发而动全身"。

这种理论让我们理性地认识到，对孩子的成长而言，幼儿园及教师的作用并不是无限的，我们只是孩子成长中最紧密的一个环节，除了我们自身的努力之外，还会受制于许多其他的环节。从积极的方面来看，我们要充分建立与孩子成长密切相关的各环节的关联，我们要主动地去把孩子的成长放在"关系"和"背景"中去考虑，不孤立地去看待问题。比如幼儿园教育小学化的问题，独生子女问题，这些都不仅仅是学前教育问题，实际上也是社会问题。有时候教师试图通过自己的教育努力去改变这些问题，实际上是徒劳的。

二、多元智能理论

多元智能理论是由美国哈佛大学教育研究院的发展心理学家加德纳（Howard Gardner）在 1983 年提出。传统上，学校一直只强调学生在逻辑——数学和语言（主要是读和写）两方面的发展，但这并不是人类智能的全部。人类的智能有多种，不同的人会有不同的智能组合。下表列出了多元智能所包含的内容。

智能种类	定义	优异表现
语言	运用口语及书面文字的能力	诗人
逻辑数理	运用数字和抽象推理的能力	数学家、科学家
空间	知觉、转换或重现视觉或空间信息的能力	棋艺大师、航海家
音乐	能创作、沟通并理解声音的意义，对节奏、音调、旋律或音色敏感	作曲家、演奏家
身体运动	善于运用整个身体来表达想法和感觉，以及运用双手灵巧的创造改变事物	舞蹈家、演员、运动员
人际交往	能觉察和分辨他人的感受、信念和意图	顾问、政治领袖、心理治疗师
自我反省	能区分自己的感受、意图和动机	宗教领袖
自然观察	能辨识自然界的组成	生物学家

多元智能理论认为传统智力的内涵狭窄，局限于学业智力，认为智力是由言语能力、推理能力、记忆能力等因素组成，以语言能力和数理逻辑能力为核心。而加德纳的研究表明，观察力、记忆力、想象力及思维能力远未涵盖智力的所有成分，学业智力仅仅是智力范畴的一个组成

部分而非全部。传统智力观忽略了智力与现实世界的联系，传统智力可以较好地预测个体的学业成就，但难以预测个人在生活及事业上的成功。加德纳研究表明，智力测量和工作绩效之间的平均效度系数只有 0.2。

多元智能理论使我们对儿童的看法更加深入、科学。每一个体的智力都具有自己的特点和独特的表现形式，作为个体，我们每个人都同时拥有相对独立的八种智力。所以我们很难找到一个适用于任何人的统一的评价标准来评价一个人的聪明与否、成功与否。当我们扩大了对儿童智能强项的认识，我们会更容易找到每个孩子的闪光点，而不是更多地对孩子进行横向比较。并且通过对孩子智能强项的肯定和发扬，可以带动智能弱项的发展，进而整体提升孩子的发展。

这就好比以前我们只注意到了孩子的语文和数学领域，所以对所有孩子的评价都基于这两项成绩，优劣之分也就十分明显。现在扩展到了八个领域，并且这八门领域是互相独立的，不应该累加起来比较。因为只要任何一个领域或几个领域出色，都足以使孩子立足于社会。几乎可以这样说，每个领域都不擅长的孩子是极少的。即便是那些天生智力低下的儿童，往往也有着令人难以想象的某些方面的天赋。

三、建构主义理论

建构主义的代表人物是瑞士心理学家皮亚杰（J. Piaget），他的基本观点是：儿童是在与周围环境相互作用的过程中，逐步建构起关于外部世界的知识，从而使自身认知结构得到发展的。维果茨基则强调了社会文化背景对知识建构的重要影响，提出"最近发展区"的概念，强调教学要走在发展的前面，引导着发展。皮亚杰之后的一批欧洲学者则将建构主义理论带入了社会交往的领域，即不仅强调儿童对"物"的操作，也强调儿童与"人"的交往，儿童建构知识是在这两种相互关联的背景下产生的。

人们经常引用一个"鱼就是鱼"的故事来解释建构主义理论：在小池塘里，小鱼和蝌蚪是朝夕相处的好朋友。渐渐地，小蝌蚪长大变成了青蛙，跳上了陆地。几周后，青蛙回到了池塘，向小鱼讲述它所看到的景象。青蛙描述了陆地上的各种东西：鸟、牛和人。小鱼在自己的脑海中就出现了一幅幅它所认为的鸟、牛和人的样子。它把每一样东西都想象成了鱼的模样，只是根据青蛙的描述作了稍微的调整——人被想象成了用鱼尾巴走路的鱼，鸟是长着翅膀的鱼，牛则是长着乳房的鱼。

这个故事可以对建构主义作某种程度的形象解释：儿童建构的知识必须是他自身的主动建构，外部的灌输是很不可靠的；儿童建构知识必须依赖他原有的知识经验，符合他现有的水平；要为儿童建构知识提供必要的背景，特别是切身的直观体验等。这些都可以作为建构主义理论在实践中应用的参考。

皮亚杰曾经比较勉强地为他的理论在早期教育中的应用提出了相互关联的三条建议：为儿童提供丰富的物质材料，让他动手去操作；帮助儿童发展提出问题的能力；教师应该懂得为什么运算对儿童来说是很困难的。结合维果茨基以及皮亚杰之后的学者对建构主义理论的进一步发展，或许还应该强调社会交往、社会文化背景对儿童建构知识的重要性，以及强调教学对儿童发展的更加积极的作用。

总之，让幼儿在动手操作中学习，在同伴交往中学习，可以为儿童的学习提供"支架式"的帮助，这些应该成为学前教育必须遵循的基本原则。

四、后现代主义理论

后现代主义（Postmodernism）是20世纪70年代后开始经常使用的一个词，是一个从理论上难以精准下定论的一种概念，因为后现代主要理论家，均反对以各种约定成俗的形式来界定或者规范其主义。在美国学者多尔（Doll，William E.）的《后现代课程观》以及其他学者的著作中，对后现代主义教育理论的特征归纳为：多元化，追求个性、多元与差异是后现代主义思想的基本特征；去中心，教育过程不再是权威主义式的，师生关系走向对话和平等；人文性，更加关注个体及所处的环境，反对技术理性对人的奴役，强调不同层次的异质群体共享教育的机会。

后现代主义是一个理论的复杂体，对当下学前教育实践的影响会无形地体现在许多方面。国内学者朱家雄等人翻译了冈尼拉·达尔伯格等人的著作《超越早期教育保育质量——后现代视角》，提出了"超越质量话语，走向意义生成话语"这一最具代表性的命题。

比如我们需要反思幼儿园这种机构在当代文明社会中究竟行使何种职能。传统上幼儿园作为单纯的教育机构，行使着教育的职能，承担着传承知识的重要任务。但在当代文明社会形态中，个人应该得到自由而全面的发展，可以自主交往，实现人类理想中人的发展状态和社会发展的理想状态，促使人类取得真正的进步。所以幼儿园实际上是当代文明社会的一个组成部分，是"文明社会的论坛"，应当从小培养幼儿的"公民意识"。什么叫"文明社会的论坛"呢？大概是说幼儿园应该鼓励幼儿讨论和质疑，并不是传递一套主流的标准化知识体系。从小就应该培养孩子民主的意识并践行民主，孩子有权利主动地、创造性地安排自己的生活，他们要有远大的称为"未来公民"的目标，而不仅仅是"知识的容器"。

比如我们要反思幼儿园的保教目标，这种基于个体心理发展水平的整齐划一的质量体系，在宏大的社会背景下有时显得并不现实。在中国当下，对教育起点公平的呼吁越来越强烈，因为这种教育起点的巨大差异难以达成阶段性的质量标准。一个农村的孩子可能还没有机会上幼儿园，或者是在一个由50个幼儿组成的仅有一个老师包班的教室里像小学生一样上课，同龄的城市孩子则可能接受条件完全不同的学前教育，这种反差是巨大的。但我们似乎追求的却是同样的国家幼儿质量标准，这个标准显然是不符合实情的，与其说学前教育的任务是在追求这个质量结果，不如说更重要的任务在于消除这种起点的差异。

这也就是当前为何要特别强调社会公平与公正，强调教育资源的均衡配置，以尽可能地达成从起点到过程的公平。如果真正实现了这一点，对结果的追求可能并不是整体划一的质量标准，而是个体的自由的、个性化的生命成长。

（张亚军）

附录：当代学前教育的共同主题和趋势

本专题是我们对学前教育未来的思考。为此，我们先介绍一些共同主题，即大家共同面临的亟待解决的主要问题，然后再谈谈国际学前教育的未来走向。

一、共同主题：各国共同面临的主要问题

"二战"结束以来，世界学前教育进入新的发展阶段。在新的进程中，各国学前教育各有特点，但也面临着一些共同问题——它们构成了当代世界学前教育的共同主题。

1. 世界学前教育发展严重不平衡

首先，发达国家与发展中国家间存在巨大差距，如法国学前教育的成就为世人所瞩目，4～5岁儿童入学率从20世纪80年代以来一直保持为100%，而在发展中国家，学前教育还没有受到足够重视，有些国家甚至没有将学前教育作为教育制度的一部分。其次，发达国家之间、发展中国家之间也存在巨大差距，前者如法国与英国，后者如朝鲜与埃及。最后，学前教育在同一个国家的不同地区发展不平衡，如澳大利亚学前教育机构多种多样，各州发展很不平衡，广大农村及土著居民地区缺乏学前教育设施。

2. 学前教育普遍存在单纯"智力开发"倾向

20世纪60年代，受布鲁姆、赞可夫关于儿童智力发展观点的影响，以美国、苏联为代表的世界各国教育，普遍重视英才教育，热衷于超前教育。与此相关，幼儿园区别于初等学校的特征正在消退，幼儿园更像

小学一年级。人们倾向于把早期教育等同于早期智力开发，忽视学前儿童的情感和社会性发展，学前教育在相当程度上成为小学的延伸。

3. 婴儿"保教"严重不足，并且质量较低

目前，世界各国包括发达国家在内，婴儿的保教问题都很突出——不仅入所率低，而且质量较低。由于"历史传统的偏见、政府的不重视、保育机构短缺、服务质量低等多种因素导致了入托比入幼儿园更难"。

4. 幼儿教师地位和水平不高

第一，世界各国幼儿教师地位和待遇普遍偏低，难以吸引和保留优秀人才。第二，教师受教育水平普遍较低。第三，学前师资的培训不够完善。

二、未来走向：国际学前教育的发展趋势

20世纪末叶以来，学前教育成为世界教育的主要目标，不少国家将它作为整个教育的基础，并依据最新科研成果改革本国学前教育。了解这些动向，有助于我们在学习借鉴中推动我国学前教育事业的发展。

1. 强化政府责任，促进教育公平

世纪之交，各国对学前教育空前重视。2010年9月，首届联合国教科文组织世界学前教育大会——"莫斯科会议"达成共识："发展学前教育是政府的责任和义务。""缺乏有效的体制和机制保障阻碍了全民教育保教目标的实现。"于是，国际社会普遍要求强化政府责任，增强财政支援力度，为促进教育公平而努力。第一，通过立法，给学前教育发展提供规范。第二，加大国家财政投入，给学前教育提供资源。第三，倡导教育公平，对环境不利的儿童开展早期补偿教育。

2. 有师才有教：强化优质学前教育队伍培养

无师不成学，有师方有教。学前教育事业的发展，受到诸多因素的

制约，资金投入只是必要条件，而学前教育队伍，即师资准备和队伍素质则是学前教育社会化的内在条件和质量保证，影响到学前教育宏观和微观的各个层面。学前教育队伍即广义的教师队伍素质，是学前教育机构人员的总称，主要包括托幼机构的园长、教师、保育员以及幼教专干等。进入 20 世纪末叶以来，为了实现高质量学前教育队伍培养，各国采取了一系列举措，这些举措可以概括为关爱幼儿教师、职前、职后教育和优化结构四个方面。

3. "焦点"转移：追求高质量的学前教育

人类对于事业的追求，大多由一个侧重数量规模到侧重质量效益的过程。学前教育也不例外。高质量的学前教育是人类的永恒追求，但是学前教育的"焦点"和追求高质量的方式方法却是不断变化的。20 世纪 50～70 年代，儿童早期智力发展的观点受到人们的广泛接受，加强早期智力开发成为各国教育改革的核心，儿童的情感和社会性发展被忽视了。80 年代以来，随着冷战结束和人文主义教育观的复归，各国教育工作者都呼吁要纠偏。但是，智育中心问题并未得到根本解决。尤其是在发展中国家，处于"追赶"征途中的、具有重视知识传统的当代中国更是如此。时至今日，道理谁都知道（至少不难知道），但很少有人愿意摆脱这个"怪圈"。我们认为，"焦点"转移后，打造高质量的学前教育不能简单模仿中小学，不能简单地以"课程改革"替代其他方面的教育改革。学前教育要在目标、内容以及方式方法等方面进行全方位的优化改革。概括地说，目标要适切、明确而长远，内容要全面、基础而整合，组织即方式方法要多样、适用而灵活。

4. 交流合作，全方位改革和促进学前教育

第一，不少国家都把通过交流推动学前教育事业进步作为重要的工作策略。在全球一体化背景下，国家间往来和国际组织的活动空前频繁。2007 年，联合国教科文组织在埃及召开了第六次"全民教育高层小组会议"，参会的各国教育部长对发展学前教育达成了"七点共识"。2010 年 9 月，首届联合国教科文组织"世界幼儿早期保育与教育大会"在莫斯

科举行。大会的主题是"学前教育构筑国家财富"，来自65个国家的部长与政府官员、学者、民间组织代表近千人参加了此次大会，并达成四点共识：①学前教育具有极为重要的社会价值，是为国家积累财富；②发展学前教育是政府的责任和义务；③幼儿期是一个不可复制的过程，质量和机会同样重要；④政策不明确，缺乏有效的体制和机制保障阻碍了全民教育保教目标的实现。第二，尝试教育内部不分年级互动教学。不分年级的教育形式，古已有之。近些年来，"不分年级教育"在世界一些国家成为重要潮流，影响了现行教育改革的走向。第三，倡导和强化幼儿园与家庭、社区的合作。当代学前教育在高度专业化服务的同时，重视家园合作、回归社区。而学前教育社区化即社区学前教育由于具有地域性、开放性和综合性等优势成为世界潮流。在不少国家和地区，"学前教育发展中心"往往是由各社区、非政府组织或热心人士自发发起的。

5. 学前教育价值的多元化与机构的多样化

这是由我们生活的这个世界的多元化和全球化决定的。多元的价值带来教育价值的多元化，教育价值的多元化需要多元的教育，因此，多元文化教育自然成为当今世界教育的焦点和趋势。联合国教科文组织21世纪教育委员会认为，教育的使命就是教学生懂得人类的多样性。同时，还要教他们认识到地球上的所有人之间具有相似性而且相互依存。委员会建议，从幼儿时期开始，教育机构就应利用各种机会进行这种教育。多元文化教育包括国内、国际方面。前者意味着在多民族文化共存的国家允许各民族文化平等发展，以满足各民族儿童的文化需要；后者意味着要在"求同尊异"（"存同立异"）的基础上加强全球观念的培养。为此，各国普遍重视多元文化教育、全球教育或国际理解教育。教育家们提倡在学前教育阶段，就开始多元文化教育。幼儿教师应尽量保证所使用的教具（玩具、音乐、书籍等）能反映多元文化的要求，组织各种教学活动时尽量使用有不同文化和民族特色的图片等。教师应教育儿童尊重来自不同文化背景中的儿童，与他们正常交往、愉快交往。学前教育价值的多元化，首先体现在学前教育对于人类文化的全方位承接上，体现在对现代教育观念如终身教育理念、素质教育理念、创新教育理念等的及时的吸纳上，体现为实施多元文化教育，还具体表现为学前教育功能的调整，学前教育机构的多样化、学前教育组织的多形式以及学前教育服务的灵活化。

（吴玲　葛金国）

延伸与讨论指南

- 福禄倍尔的幼儿园教育理论在当今还有价值吗?

福禄倍尔是幼儿园的创建者,建立了较完善的幼儿园课程体系,功不可没。他对儿童的珍视、强调机构的教育功能、重视游戏及材料的操作等仍是当今幼儿园教育的核心理念,现代幼儿园课程内容及方法虽然已有了长足的发展,但幼儿园教育的整体结构在当时已经确立了,并沿用至今。

- 蒙台梭利方法在当今幼教界仍然有巨大的市场,出现了大量的蒙台梭利园和蒙台梭利教室,蒙台梭利教育方法到底好不好? 它能不能替代现行的幼儿园课程?

以教具为基础的蒙台梭利方法基于科学的儿童发展理论而设计,操作性强,具有极强的推广性,在今天仍有广泛的影响。蒙台梭利方法不应流于机械的模仿,而要领会其精髓,实现本土化,并与现行课程有效结合,不能简单地替代现行课程。

- 放眼未来,这个世界将如何变化? 教育将如何变化? 幼儿园将如何变化?

放眼未来,世界将走向多元开放、资讯发达、技术进步。教育将面临极大的挑战,园所不再是一个单向传授知识的场所,而是一个共享知识、创新知识的场所。孩子从上幼儿园起,就要为终身学习能力奠定基础,但也要让孩子玩得快乐,学得愉快,培养其健全的个性品质。

第六辑　中国学前教育的历程

- 中国古代学前教育
- 近代童心拓荒者：陈鹤琴及其"同年同志"
- 改革开放以来的幼儿园课程改革
- 农村学前教育的问题与回应
- 教师专业成长：园本"自主开放式"教研

导　读

本辑包括5个专题和1个附录，以我国学前教育传统以及现当代的发展创新为线索展开。

在"中国古代学前教育"专题中，指出中国古代学前教育是以家庭为主体实施的。学习中国学前教育史，要点是把握古代学前教育发展的历史脉络，体察其特色及当代价值。

在"近代童心拓荒者"专题中，我们以陈鹤琴的"同年同志"为焦点，指出陈鹤琴是中国近现代学前教育的奠基者。在此基础上，以陈鹤琴学前教育理论与实践为代表，并把他与同期幼儿教育家，如陶行知、张雪门进行比较，展示近代教育家群体对中国学前教育的开拓性贡献。

在"改革开放以来的幼儿园课程改革"专题中，归纳梳理了改革开放以来中国幼儿园课程实践的探索，汇集了近30年来幼儿园课程改革的最新成果。从这个历程中，可以把握当代幼儿园课程发展的脉络和规律。

在"农村学前教育的问题与回应"专题中，指出大力发展学前教育，是实现教育公平的重中之重。分析当前我国农村学前教育面临的挑战和机遇，具体探索发展农村学前教育的有效策略。

在"教师专业成长"专题中，对幼儿教师专业发展模式进行了探讨。我们认为，要在把握"自主开放式"教研机制的基础上，具体探讨该机制运行的特点和保障条件，理性对待并总结实践的初步成效。建议每个幼儿园（以至每个教师）讨论、形成适合本园的教师培训和教研制度。

本辑的附录，是"香港学前教育印象"，介绍了香港学前教育管理及实施情况，这与内地学前教育的发展可相互借鉴，共同构成了当下中国学前教育的全景画面。

1. 中国古代学前教育

　　中国教育具有伟大的历史传统，"建设中国特色的社会主义教育是当代中国教育工作者的伟大历史使命。所谓'中国特色的社会主义教育'，一是说这种教育与社会主义所有制相适应，是以马克思主义教育学说作为理论基础的；二是说这种教育立足于现实，是符合我国现时代教育需要的；三是说这种教育具有一定历史继承性，是中国教育优良传统辩证发展的必然结果。因此，认真清理我国古代丰富的教育遗产，从宏观上把握中国教育历史传统的利弊得失，批判地继承民族教育的优良传统，对建设中国特色的社会主义教育具有重要的现实意义。"对于学前教育，同样如此。你对我国古代学前教育有些什么了解？你认为我们应当怎样对待它，才能实现"批判地继承"——扬弃？[①]

　　历史是联系过去、现在乃至未来的链条。学习研究历史的要义，就是回到历史背景中去，了解它与现在的联系以及可能对未来产生的影响。我们要知道，古代学前教育的主体，是由家庭实施的"幼童家庭教育"。从教育史角度把握古代学前教育，有两个基本方面：一是从教育实践或教育实施、教育建制方面；二是从教育理论或教育观念、教育思想方面。思想与实践既是密切联系——互相影响和制约，又不是简单对应的。

---

① 葛金国. 论中国教育的历史传统 [J]. 安徽师大学报，1992（4）

一、中国古代学前教育主要由家庭实施，经历漫长的发展过程

原始社会的学前教育，因为私有制和家庭还没有产生，因而实行的是与原始共产主义相一致的"原始公育"——公有、公养、公育，包括低幼儿童在内，由年长或体弱者在住地统一看护、教育。

古代文明社会，即奴隶社会和封建社会的学前教育，除了最高统治者的宫廷教育（有部分社会性以至专业性成分，如西周已有"孺子室"）外，其他人的学前教育都是在私人家庭中进行的。儿童在家庭生活中得到父母、亲友和长辈的照料，学习初步的生活知识、社会知识，养成行为习惯。就奴隶社会学前教育的整体来说，一般人因为后来也没有接受学校教育的机会，所以他们的教育方式也称不上"学前""学校"教育，他们一生的教育，基本上都是在家庭和社会生产活动中进行的。对于极少数人，即后来能够接受学校教育的贵族子弟来说，他们的学前教育已有了年龄划分和粗略的计划。其中，最高统治者的学前教育已重视胎教，建立了乳保和保傅教育制度。封建社会学前教育是奴隶社会学前教育的发展，它们都是建立在小生产和专制社会背景下的，二者的基本格局相似，不同的主要是广度和深度的发展。把握中国封建社会学前教育的发展，要关注以下四个要点：一是胎教的思想实践传统；二是学前教育在目标、内容和原则方法上的进步；三是已有与幼童相关的官方"慈幼机构"的设立；四是中国古代学前教育教材的逐渐成形。

从学前教育实施历史发展看，人类社会化的公共学前教育，在某种意义上，就是最高统治者学前教育向贵族延伸，进而将贵族学前教育平民化的过程。

二、中国古代学前教育思想，丰富而具特色

把握中国古代学前教育思想，也有两个基本"门径"：一是从中国古代学前教育思想关涉的基本方面、内容或主要矛盾来整理历史上的学前教育思想；二是从主要思想家、教育家个人的思想中搜集、概括和体会。

长或家庭为主体对学前儿童实施的教育则称之为"家庭教育"。"古代学前教育"由于社会发展水平所限和教育还没有足够分化，一般都没有由社会机构主办的幼童教育。因此，古代社会幼童教育是以家庭为主体实施的。因此，尽管古代、现代都用"学前教育"一词，但它们的背景和内涵既有相同点又有区别。它们的共同点在于，这种教育都是针对学前儿童或幼童实施的。它们的区别很多（如目标、内容、方式、场所、评价等），但主要区别在于活动实施的主体不同：现代学前教育实施的主体，既包括家庭，也包括专业托幼机构，但在一般情形下常常专指社会托幼机构实施的专业教育活动；古代学前教育的实施主体则是家庭。

（3）中国古代的学前教育，尽管还没有实现专业分化，但内容相对丰富并且富有特色。这种"没有实现专业分化"的特点，是与现在的学前教育进行比较得出的，主要表现为背景、主体和水平的差异；这种"相对丰富并且富有特色"是与同时代国外学前教育相比较而言的，主要表现为高度重视、尽早进行和在家庭中由家长实施。

可见，人类古代确实有关于幼童教育的思想和某些做法，但是，用现代严格的标准衡量，那时学前教育还没有从家庭教育中分离出来。所以在许多情形下，现代专业机构实施的学前教育与古代由家庭实施的学前教育，在原则、方法等上面都是不可相提并论的。

（葛金国　吴玲）

2. 近代童心拓荒者：陈鹤琴
及其"同年同志"

　　在中国近代学前教育发展史上，童心拓荒者群像光彩夺目。陈鹤琴作为中国近代学前教育的奠基者，他的学前教育思想，是我国近代视野里童心拓荒群像中的杰出代表。本专题我们结合时代背景，将以陈鹤琴学前教育理论与实践为代表，并把他与同期幼儿教育家比较，展示近代教育家群体及其他们对中国化学前教育的开拓性贡献。①

中国近现代学前教育理论流派，是 20 世纪前期探索中国化学前教育过程中形成的，特点是学习借鉴国外教育思想，探索本土化理论之路，主要代表人物有陶行知、张雪门、陈鹤琴等，其中，陈鹤琴的"活教育"思想最具代表性。

一、"同年同志"的共同使命

"五四"前后，有识之士在批判封建制度的同时，充分意识到教育变革的重要作用，他们不约而同地将未来社会的希望寄予儿童。作为教育人士，更是深刻认识并表现出强烈的职业责任感和使命感。

"同道为朋，同志为友"。在幼稚教育奠基和改革中，除了陈鹤琴及其助手张宗麟外，还有陶行知和张雪门两位重要人物。陶行知是陈鹤琴

---

　　① 参见张亚军. 披荆斩棘　开路先锋——陈鹤琴学前教育思想概览 [J]. 学前教育研究，2006（3）：5–8

的"学长、挚友和楷模",陈鹤琴有"我们教育战线系同志……我们出生年代系同年"之说。而张雪门,也与他俩几乎同年,时人将其并称"南陈北张"。这些"出生同年的教育同志",身处救亡图存、教育兴国的时代,共同的责任感使命感使他们奋力拓荒、努力耕耘。

陶行知学成归国后,曾在东南大学任职。数年后,陶行知毅然决然辞去令人羡慕的教授等多种职务,以主要精力从事平民教育运动。后又致力于乡村教育、科学普及教育、国难教育、民主教育等,直至1946年去世。陶先生"带着一颗心来,不带半根草去",将一生无私地献给了教育和社会。陶行知在《幼稚园之新大陆》中,提出中国幼稚教育患了三大病,倡导建立中国的、省钱的、平民的幼稚园,并认为,工厂和农村是幼稚园之新大陆,他创办了乡村幼稚师范和乡村幼稚园,进而提出"生活教育"理论。

张雪门早年就对幼教发生兴趣。当他目睹沪宁一带外国式幼稚园的弊病时,深感痛心。他与人合办幼稚园、幼稚师范学校,花大精力研究幼儿教育,开办北平幼师。"九·一八"事变后,张雪门认识到今日幼童就是未来主人翁,从此,开始幼稚园行为课程的研究。张雪门晚年在台湾致力于肃清日本的奴化教育,继续研究课程工作,总结形成"行为课程"理论体系。

二、披荆斩棘的开路先锋——陈鹤琴学前教育思想

1919年,陈鹤琴由美国回国,任南京高师教授,从此,整个近代中国学前教育领域的几乎所有开创性工作,都由陈鹤琴着手完成。陈鹤琴学前教育思想及其体系的建立,是时代背景下其所有新教育实践的结果。概括起来,陈鹤琴的学前教育思想体系有三层结构,即儿童观、教育观和在此基础上形成的"活教育"理论。

1. 陈鹤琴的儿童观:儿童不是"小大人"

传统的儿童观有许多谬误,陈鹤琴的儿童观就是在批判清理传统的基础上建立的。陈鹤琴对中外教育都有切身体会。根据自身经历,通过

对国内新式学堂与传统私塾的对比，乃至西方教育与中国传统教育的对比，陈鹤琴认为，我国传统教育"弱点太多……太不适应现代的情形了"。其表现是把儿童看成与成人一样的"小大人"。为此，陈鹤琴开始了"儿童心理之研究"，他最初将儿童的心理特征概括为"四心"，即好动心、模仿心、好奇心和游戏心；要求人们改变错误的儿童观，并提出教育儿童的方法。在《儿童心理之研究》出版的同年，《家庭教育》也由商务印书馆出版。陈鹤琴把《儿童心理之研究》中所提"四心"发展为七个方面，认为儿童好游戏、好模仿、好奇、喜欢成功、喜欢野外生活、喜欢合群、喜欢称赞，以十分通俗化的语言向父母们揭示了孩子的天性，并敬告家长要根据儿童的心理，始能行之得当。因此，他把树立科学的、正确的儿童观和教育观作为弃旧立新、改革教育的突破口。

从历史上看，陈鹤琴对旧教育的批判并不是最猛烈的，但他是站在专业立场上剖析旧儿童观的缺失的。可贵的是，他在批判后还重视建设。陈鹤琴的理性精神和建设性态度，在今天依然值得学习。

2. 陈鹤琴的教育观："我们的主张"

陈鹤琴回国的时候，中国的幼儿园教育刚起步。当时，一些人已意识到其中弊端，对此，陈鹤琴觉得有责任改变。但是，由于没有现成经验借鉴，只有依靠实践，于是，便有了陈鹤琴在鼓楼幼稚园的一系列实验。

这些实验涉及课程、教法、幼儿习惯、设备与玩具等诸多方面，但投入最大、影响最深的是课程实验。该实验前后经历了不断调整的三个阶段：散漫期、论理组织期和设计组织期。其中，设计组织期又称为中心制期，它是根据儿童的日常生活经验以季节、节日等为中心去组织课程，规定儿童几天或一周为一个活动单元，并围绕着这个单元将各项活动组织成有机整体，实行"整个教学法"。鼓楼幼稚园实验课程迅速推及全国，其精神体现在1928年《幼稚园课程暂行标准》中，成为全国幼稚园课程的范本。

经过实践，陈鹤琴提出了幼稚园教育的系统主张——"我们的主张"。有人称之为"中国化幼稚园教育的宣言书"。这些主张包括：（1）幼稚园是要适应国情的；（2）幼稚教育是幼稚园与家庭共同的责任；（3）凡儿童能够学的而又应当学的，我们都应当教他；（4）幼稚园的课程可以以自然、社会为中心；（5）幼稚园的课程须预先拟订，但临时得以变更；（6）我们主张幼稚园第一要注意的是儿童的健康；（7）我们主张幼稚园要使儿童养成良好的习惯；（8）我们主张幼稚园应当特别注重音乐；（9）我们主张幼稚园应当有充分而适当的设备；（10）我们主张幼稚园应采用游戏式的教学法教导儿童；（11）我们主张幼儿的户外生活要多；（12）我们主张幼稚园多采用小团体的教学法；（13）我们主张幼稚园的教师应当是儿童的朋友；（14）我们主张幼稚园的教师应当有充分的训练；（15）我们主张幼稚园应当有种种标准可以随时考查儿童的成绩。这15条主张，标志着近代中国幼稚园自此走出一条中国化之路，陈鹤琴随即开始了"完整的幼儿教育体系"探索。

幼稚园师资是幼教事业的保证，应由专门的机构来培养。1940年，陈鹤琴谢绝教育部国民教育司司长之职，"要做事，不做官"，在江西泰和创办"江西省立实验幼稚师范学校"，这是我国第一所公立幼师学校。1945年，主持建立上海幼师学校，国立幼专。江西幼师以及上海幼师、幼专的学生毕业后，绝大多数成为中国幼教的骨干。新中国成立后，陈鹤琴任南京大学师范学院（后改为南京师范学院）院长，兼任幼教系主任。可以说，中国各层次的学前师范教育体系，都由陈鹤琴创立了。此外，陈鹤琴还对幼教教具进行研究，创办多所玩具厂，为儿童编撰各种读物和教科书。

可以说，凡是与幼儿教育相关的，陈鹤琴几乎都作了努力并取得成就，而这些努力和成就会聚起来，集大成为"活教育"的理论和实践。

3. 陈鹤琴的"活教育"思想："一个新的教育运动"

陈鹤琴的"活教育"思想，最早是受陶行知的影响而提出的。陈鹤琴的"活教育"思想，在20世纪30年代末就已形成，但在上海租界内实行"活教育"不具备条件。到了创办江西幼师，"活教育"才有了真正实施的土壤。

1940年，陈鹤琴在江西发表《什么叫做"活教育"》演讲，可谓

"活教育"开场的号角。"活教育"吸取了古今中外的教育精华，它与陈鹤琴的生活和求学经历密切联系，对当时欧美"新教育运动"的成果有所借鉴，更是陈鹤琴自身实践的结果。江西幼师创办的整个过程都是"活教育"的具体实践。后来上海市立幼师改为女师，它成为陈鹤琴在上海实施"活教育"的主要基地，最终，"活教育"形成了完整的理论体系，它包括：三大目标，十七条教学原则，学习的四个步骤，"五指活动"计划，活教育的十个特点，训育的十三条基本原则。整个体系在三大目标——做人，做中国人，做现代中国人；大自然、大社会是知识的主要源泉；做中学，做中教，做中求进步的统领下，构成陈鹤琴学前教育思想的精髓。

"活教育"的理论体系，与当今幼教改革指导思想有诸多共通之处。活教育的三大目标——目的论、课程论和方法论，即使在今天来看，也依然是适用的。

三、"同年同志"拓荒者的共同遗产

在当时那样艰苦的条件下，陈鹤琴创建了中国学前教育和"活教育"理论体系，这是一座丰碑。但是，我们不要忘记，陈鹤琴先生也有不少同行者。张宗麟、陶行知、张雪门等与陈鹤琴一起，都是近代中国最早的一批童心拓荒者，他们不仅为中国近代幼教开辟了道路，更留下丰厚的遗产，这就是"活教育""生活教育"和行为课程。

"生活教育"理论，是陶行知教育思想的基石和集中体现。主要包括生活即教育、社会即学校、教学做合一三个方面。陶行知主张，教育同实际生活相联系，反对死读书，注重培养儿童的创造性和独立工作能力。他后来把生活教育特点归结为生活的、行动的、大众的、前进的、世界的、有历史联系的等几方面。这是争取大众解放、民族进步的大教育。

行为课程理论，是张雪门长期幼教理论和实践探索的结晶。"行为课程"理论的基本思想是"生活即教育""行为即课程"，其实质是强调通过儿童的实际行为，使儿童获得直接经验；同时要求根据儿童的能力、兴趣和需要组织教学，主张采取单元设计的方法，打破各种学科的界限。

这种课程理论，对学前儿童教育具有明显的积极意义。

这些"同年同志"拓荒者的共同遗产是：它们都以救亡图存为使命，拓荒者坚韧不拔，毕生奉献；它们都根植于近代中国的国情土壤，反映了社会及教育变革的时代诉求；它们都受到了新教育潮流的影响，是近代中国向西方学习在教育领域内的反映。当然，这些共同遗产又是异彩纷呈的：陈鹤琴对幼儿教育进行了全方位探索；陶行知主要着力于教育普及和乡村教育运动，他对儿童创造力培养的论述，对乡村师范教育改革的主张以及"艺友制"的培养教师的方法等，都是独具特色的；张雪门是近代北方（后来是台湾）幼教的领军人物，他的行为课程研究贯穿他一生，他遵循"骑马者从马背上学"指导思想，对幼稚师范的见习、实习作了系统的论述。

以陈鹤琴为代表的近代幼儿教育家，在当年内忧外患的社会背景下，开辟了中国化幼儿教育之路。这条路的开辟，是异常艰辛的。他们给我们留下的遗产，有至今依然鲜活的文本，有坚韧不拔的开拓精神，有为国为民的奉献精神。我们今天的幼儿教育仍然得益于他们当年的拓荒和奠基之功。

（葛金国　张亚军）

3. 改革开放以来的幼儿园课程改革

自从 1903 年秋我国第一所公立幼教机构——湖北幼稚园诞生至今，我国近代幼儿教育已有一百多年的历史。在这段历程中，我国幼儿园课程经历了由产生到发展的过程，其间经过了三次较大的改革，它们分别发生在 20 世纪 20～30 年代、50 年代和 80 年代。80 年代以来中国实行了改革开放政策在极大程度上促进了当今的幼儿园课程改革，这场起始于 20 世纪 80 年代迄今仍在蓬勃开展的幼儿园课程改革体现了我国当代学前教育改革的最高水平，以下有代表性的课改实践就能反映出这一历程。

一、20 世纪 80 年代的综合教育课程

1983 年，南京师范大学教育系赵寄石教授与南京市实验幼儿园合作率先研发的"幼儿园综合教育课程"，打破了我国几十年来分科教学一统天下的局面，拉开了全国幼儿教育课程改革的序幕。此后不久，上海市倪冰如、赵赫与上海市长宁区实验幼儿园开展了"幼儿园综合性主题教育"实验，南京鼓楼幼儿园开展了"单元教育课程"的实验，北京市崇文区第二幼儿园开展了以常识教育为核心的"综合教育课程探讨"，武汉、天津、重庆等地区纷纷开展了综合教育实验。经过多年的探索、研究、经验总结，已形成了较完善的幼儿园综合教育主题活动的课程体系。

1. 综合教育课程的内涵及目标

综合教育课程以主题的形式建构每一阶段的生活经验，使幼儿在园三年的生活成为促进幼儿持续发展的连续的教育过程。将幼儿园的培养目标转化为幼儿的发展目标，突出了健康和动作、语言和认知、品德和

交往三大方面能力的发展，美育自然渗透其中。这三大方面能力又分为三个层次，相对应于 3 岁、4 岁、5 岁幼儿的发展。同时形成目标层次，使目标细化、具体化，以保证幼儿身心健康、和谐发展这个总目标的落实。如目标层次示意图所示。

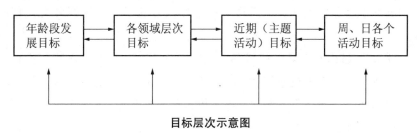

目标层次示意图

2. 综合教育课程的内容：来自幼儿生活经验的融合

综合教育课程根据季节、节日及幼儿认知规律、发展需要等，把教育划分成一个个相互独立又相互联系的阶段，以主题活动的形式帮助幼儿积累经验、发展能力。

这些主题主要包括以下内容：

（1）促进幼儿社会性发展的主题。如："我高高兴兴上幼儿园""我爱我的家""我爱祖国"等。

（2）幼儿与周围自然环境相互作用的主题。如："幼儿园真美丽""我找到了春天""可爱的动物"等。

（3）幼儿认识自己的主题。如："我有六个宝""我长大了一岁""怎样当哥哥姐姐"等。

（4）根据幼儿的生活、兴趣生成的新主题。如："恐龙世界""超市""标志与规则"等。

3. 综合教育课程的实施：各种活动、多种途径的相互渗透

综合教育课程的实施是各种活动、多种途径相互渗透的过程，集中表现在三个方面、三个层次的综合上。

（1）三个方面的综合。

① 教育内容的综合：综合教育课程是以主题的形式呈现教育内容的，

尽可能将生活习惯、思想品德、科学、数学、音乐、美术、体育活动等方面的有关内容融合进去，但不强求综合各个方面内容，同时尽可能保持各领域的内在联系。

② 教育手段的综合：包括游戏、体育活动、教学、观察、劳动、娱乐和日常生活等各种活动，强调各种手段的互相配合，发挥各自独特的作用。

③ 教育过程的综合：把情感、能力、行为、认知的培养互相结合在统一的过程中，这个过程以感知周围生活为基础，从情感教育入手，着重培养幼儿良好的行为习惯，发展其语言和思维能力。

（2）三个层次的综合。

① 主题活动的综合：每个阶段集中进行某方面的教育，把各方面内容有机地组织起来，改变六门课各成体系分开进行的形式，也改变活动内容单以教学的方式进行的格局，使有关内容和手段互相联系、互相配合，使幼儿能多感知感受，并能运用各种手段表达。

② 周、日活动的综合：把一周一日的各项活动组成连续的教育过程，而不是停留在互相分割的诸多片段。

③ 个别活动的综合：每项活动都尽可能根据教学目标和幼儿经验基础在各个部分的有机联系中自然地进行，既防止割裂，也避免强求拼合。

4. 综合教育课程的评价：全方位的评价体系

课程的有效评价重点是放在幼儿各方面的发展情况上，建立了综合教育课程幼儿发展的评价体系，如下表所示：

动作与健康	语言能力	认识发展	社会性能力	习惯
1. 生长发育	1. 理解	1. 数量经验	1. 社会性认识	1. 生活卫生习惯
2. 身体适应力	2. 词汇	2. 环境经验	2. 情绪情感	2. 品德行为习惯
3. 大肌肉运动	3. 表达	3. 艺术经验	3. 个性表现	3. 学习习惯
4. 小肌肉运动		4. 感知能力	4. 交往能力	
		5. 思维能力		
		6. 表现能力		
		7. 探索能力		

二、20 世纪 90 年代以来的多元课程

20 世纪 90 年代，我国的幼儿园课程改革主要是在贯彻《幼儿园工作规程》的过程中进行的。如上海市的第一期和第二期课改就是在此时开始的。另外还出现了幼儿园目标与活动课程、幼儿园游戏课程、幼儿园"生活、学习、做人"课程、幼儿园"生存"课程、学前创造教育课程、蒙台梭利课程、瑞吉欧方案教学、幼儿园探索型主题活动等多种课程模式。下面简要介绍三种课程模式。

1. 幼儿园目标与活动课程

幼儿园目标与活动课程产生于 20 世纪 90 年代初，是北京市"八五"期间教育科研规划重点课题。该课题由北京市特级教师王月媛带领北京市的 11 所幼儿园，经过 4 年多的时间完成。课题组的研究者认为：幼儿园课程应指幼儿园的全部活动与经验，它不仅仅是上课，还应包括日常生活和游戏，偶发的、随机的、非正规的教育活动和环境材料，师幼交往、言传身教、活动气氛等隐性课程。

（1）课程目标体系。目标体系是该课程的核心部分，它包括幼儿教育总目标（事先已确定）、幼儿发展水平目标（相对稳定的方向性目标，包括身体发育、认知发展、社会性发展三个领域）、班级学期目标、月目标（本班教师确定）、具体活动目标。

（2）课程内容的选择。课程系列教育活动与幼儿发展水平目标完全对应，分 3 个领域 12 个项目，如下表所示：

领域	项 目	内 容
身体发展	大肌肉动作	走、跑、跳、爬、平衡、投掷、综合练习
	小肌肉动作	建构、绘画、纸工、泥工、制作
	自我保健	卫生、安全
	生活能力	进餐、穿衣、盥洗

续表

领域	项 目	内 容
认知发展	智力能力	感知、观察、分类概括、表现创造
	自然概念	动物植物、自然环境、科学现象
	数学概念	数量、图形、时空
	语言发展	听、说、阅读
社会新发展	情绪情感	爱周围人、爱家乡、爱祖国、是非感
	品德行为	文明礼貌、爱惜物品、遵守规则
	社会交往	分享、轮流、谦让、合作、解决问题
	个性特征	自我意识、独立、自信、勇敢、坚持

（3）课程的实施。由教师依据本班幼儿发展情况，对照目标体系，事先制订有效的教师工作计划，计划执行富有弹性。教师采用集体、小组、个别教育的形式合理安排生活、游戏、学习活动，采用"激励与猜想""操作与尝试""交流与讨论""发现与创造""参与与体验"等方法，指导幼儿的主动活动，促进幼儿发展。

（4）课程的评价。课程评价以"自评"为主，包括"观察评估幼儿发展"和"自控教师行为"两方面。

2. 幼儿园"生存"课程

1998 年，上海市中国福利会幼儿园承担了上海市教育科学规划项目"现代幼儿园'生存'课程模式的研究"，经过一年多的努力，取得了可喜的成果，形成了比较完整的课程模式。

（1）幼儿园"生存"课程的目标。"生存"课程分为"学做人""学生活""学学习"三大领域，各领域的目标如下。

"学做人"目标——幼儿良好个性心理品质的形成与发展，幼儿良好社会认知、生活情感和社会行为的形成与发展。

"学生活"目标——激发幼儿对大自然的热爱，热爱家庭生活、幼儿园生活，热爱家乡，热爱祖国；使幼儿具有健康的身体、健康的心理，一定的生活自理能力；激发幼儿对美的事物的喜欢，培养幼儿认识美、发现美、表达美、创造美。

"学学习"目标——激发、保持幼儿的学习兴趣与动力，促进幼儿学习积极性、主动性的逐渐形成，形成较好的学习习惯与态度；使幼儿能够将所学的知识或技能逐渐运用到日常生活中，发展幼儿的多重智能；使幼儿体验到现代科技、信息的发展及其在日常生活中的运用，培养幼儿的探索欲、探索心、动手尝试与操作能力，逐步培养幼儿学习的能力。

（2）幼儿园"生存"课程的内容。在三大领域的框架内，由教师自定教育内容。每学期、每周、每班教师的教育内容都可能有所不同，但均是在三大领域教育内容的框架中的。在具体的教育内容选择上，教师可以根据本班幼儿乃至个别幼儿的实际情况选用不同的教育内容，教育内容的选择是为了解决一定的问题，因而有其实用价值。

（3）幼儿园"生存"课程的实施。"生存"课程实施中采用的是主题活动的形式，根据幼儿的生活经验和兴趣确定学习内容，即主题，并以该主题为中心，编制主题网，网络中每个联结点都可以成为下一阶段的共同学习主题，也可以成为个别幼儿满足个人兴趣的探索方向。在主题活动中，教师可根据主题需要安排美工、音乐、计算等各种活动形式，这样避免了分科教学"抓住一点，不及其余"的弊病，从而促进幼儿的全面发展。

3. 幼儿园"探索型主题活动"

幼儿园"探索型主题活动"，是上海市二期课改中课程结构的一项突破，也是中小学"研究型课程"向幼儿教育阶段的一种延伸。2001 年，上海市思南路幼儿园、芷江中路幼儿园、浦东东方幼儿园、上海儿童世界基金会普陀幼儿园、七色花幼儿园、荷花池幼儿园等六所幼儿园组成了专题研究小组，对"探索型主题活动"进行了合作研究。经过一年多的实践，取得了丰硕的成果，并对上海市乃至全国部分地区的幼儿教育实践产生了一定的影响。

（1）探索型主题活动的内涵。它是幼儿围绕着一个主题，进行自主观察、探索周围现象和事物，教师适时、适度予以支持和引导的一种系列活动。探索型主题活动与一日活动中其他类型课程相比，具有以下几个特征。

① 自主性。自主性是探索型主题活动的根本，也是探索型主题活动追求的目标。活动的整个过程主要是一个幼儿自发生成、自愿参与、主动探索、自主建构、自由想象、积极创作和大胆表现的过程。

② 开放性。体现在空间、时间、内容、活动方式和组织形式等各方面，并不是封闭的、单一的，而是开放的、多元的。

③ 游戏性。在活动过程中，幼儿的各种发现、摆弄、操作等大多是以游戏活动的方式呈现。

（2）探索型主题活动的目标。激发幼儿的好奇心，使其具有问题意识；幼儿在体验收集、处理信息的过程中发展自主性；培养幼儿开放的思维方式，使其具有创新的意识。

（3）探索型主题活动的内容。探索型主题活动内容的来源是多方面的，有幼儿自发生成的、师生互动产生的和教师预设的。活动的内容是广泛的、开放的，主题的领域涉及自然科学、社会文化和艺术等与幼儿生活有关的各个方面。

内容选择的主要依据是贴近幼儿生活实际，引起幼儿兴趣。活动资源可以充分利用和开发。活动内容要体现游戏性、可探索性，要符合幼儿的兴趣，适宜于开展小组合作学习。内容的特性要突出活动的开放性和可延伸性，即活动内容从总体上可以一个主题为中心呈开放状态，主题网络或线索中每一阶段的学习结果都可能成为幼儿兴趣的生长点，从而延伸为以后学习和探索的内容。

（4）探索型主题活动的组织与实施。探索型主题活动强调课程的综合化，以主题的形式展开课程，其开展的过程主要经历了三个阶段：主题形成阶段、主题实施阶段和展示阶段。这三个阶段之间的界限并不是十分清晰的，在主题实施过程中也可能产生和形成新的主题，也有阶段性的成果展示。同样，在主题形成阶段也包含着幼儿收集信息、处理信息的过程。如下图所示。

幼儿 ←——————————→ 教师

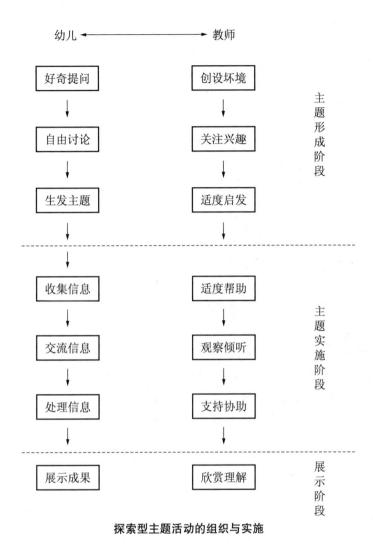

探索型主题活动的组织与实施

（5）探索型主题活动的评价。

① 评价目的：促使教师更加关注幼儿的兴趣中心，使探索型主题活动对幼儿的发展更有价值。

② 评价原则：以过程性评价为主，重点在于评价幼儿在活动中的参与或投入程度，与同伴合作情况，动手操作、探索或制作的表现等。

（李静　张亚军）

4. 农村学前教育的问题与回应

学前教育是基础教育和整个教育的基础，大力发展包括学前教育在内的农村教育事业是建设社会主义新农村、构建社会主义和谐社会的重要内容，是实现教育公平的第一步。要缩小城乡教育差距，实现教育公平，就必须重视学前教育，从源头上抓好农村教育，通过普及农村学前教育，实现整体提高中华民族素质、建设人力资源强国的目标。

当前，我国教育改革发展中的问题很多，农村教育是焦点，是瓶颈。本专题聚焦农村学前教育。我们将在阐述意义的基础上，分析当前我国农村学前教育面临的挑战和机遇，具体探索农村学前教育的普及之策。

一、农村学前教育需要更多重视，普及农村学前教育具有重要意义

构建和谐社会，建设社会主义新农村，是我国社会发展的战略决策。强国之路，教育奠基。加快教育事业发展，是把我国巨大的人口压力转换为人力资源优势的根本途径，是全面建设小康社会、加快实现现代化的有力支撑，是建设富强、民主、和谐的社会主义国家，实现中华民族振兴、人民富裕安康的可靠保障。但是，当前我国农村人口素质普遍偏低，在很大程度上影响了人力资源强国的建设。

大力发展包括学前教育在内的农村教育事业，是构建和谐社会的重要内容，是从战略上实现建设人力资源强国目标的重大举措。与此同时，重视和普及农村学前教育也是现实需要，有利于解决农村留守儿童问题。

改革开放以来，我国社会发展模式造就了一个特殊群体——农民工，与之相伴而来的是农村留守儿童（包括城市流动儿童）问题。中国人民大学教授段成荣等 2005 年对全国 1% 的人口抽样调查数据显示，在 5861 万 17 周岁及以下的全国农村留守儿童中，全国农村留守幼儿的规模达到了 1585 万人，占 27.05%。由于各方面的重视，义务教育阶段的留守儿童受到关注与帮助。但是，由于多方面的原因，农村留守幼儿几乎没有得到任何帮助。重视和普及农村学前教育，可以让留守幼儿接受科学的保育和教育，从而为整体上解决农村留守儿童问题奠定基础。

二、当前我国普及农村学前教育，既面临严峻的挑战又有难得的机遇

长期以来，我国教育发展存在巨大的城乡差距，学前教育领域尤为明显。2007 年，全国城镇学前 3 年毛入园率为 55.6%，农村为 35.6%，两者相差 20 个百分点……中西部 22 个省（市、自治区）27284 个乡镇中，半数左右没有乡镇中心幼儿园。所以，当前我国农村学前教育应当受到更多的重视。

大力发展和普及农村学前教育，既面临严峻的挑战又有难得的机遇。

面临的挑战主要有三个：第一，农村学前教育经费严重缺乏。当前我国学前教育经费还处于总量严重偏少、分配苦乐不均的状况。"从 1993 年至今，学前教育经费一直仅占全国教育经费总投入的 1.3%"。而这十分有限的学前教育经费，基本上被分配到了少数城市公办幼儿园。农村学前教育几乎没有政府经费，经费成为制约农村学前教育发展的首要因素。第二，农村学前教育机构数量质量达不到需求。这与经费投入不足有关。教育部统计数据显示，2009 年我国农村幼儿园为 66366 所，班数（含学前班）为 389299 个，在园（班）幼儿仅仅为 1047 万人。与庞大的应受教育幼儿数量相比，农村幼儿园、班数量明显偏少，农村幼儿入园率偏低（约为 1/3）。第三，农村学前教育师资严重匮乏。农村学前教育师资不仅数量严重不足，水平较低，而且身份待遇问题得不到有效解决，因此流失率高。教育部统计数据显示，2009 年我国农村幼儿园教职工总

数为 354102 人，其中专任教师仅为 232433 人。农村幼儿园生师比例竟高达 55.17∶1。幼儿园园长、专任教师学历为高中阶段毕业及以下的为 165976 人，没有任何职称（未评职称）的为 205797 人，所占百分比分别为 71.41%、88.54%。

当前，我国普及农村学前教育，也有四个有利条件和难得机遇：第一，国家高度重视"三农"问题和教育公平，普及学前教育已经成为国家战略。政府开始实施工业反哺农业、城市带动乡村的发展思路，《国家中长期教育改革和发展规划纲要》把"基本普及学前教育"作为战略目标之一，提出"积极发展学前教育"。随后国务院发布《关于当前发展学前教育的若干意见》，突出强调了发展学前教育必须坚持公益性和普惠性，努力构建覆盖城乡、布局合理的学前教育公共服务体系。第二，国家经济长期快速增长、农民收入持续稳定增加，为增加教育投入，普及农村学前教育提供了经济支持。我国国内生产总值逐年增长，农民收入也在持续稳定地增加。2009 年，农村居民人均纯收入为 5153 元。农民收入的增加，有助于他们转变学前教育观念、增加学前教育需求。第三，"普九"过程和中小学布局调整中，留下了一批闲置校舍和教室，为普及农村学前教育提供了场地。如果把这些闲置校舍或教室改建成为幼儿园或学前班，既可有效地利用现有资源，又为农村学前教育事业发展减轻了压力。第四，学前教育师资培养工作有了较大发展，为普及农村学前教育储备了师资。近年来，在教师教育改革中，我国原有的三级师范教育格局动摇，幼儿师范学校的发展虽然受到一定程度的冲击，但基本上保持了原有"建制"和相当规模。并且新近越来越多院校开始参与到学前师资培养中来。据不完全统计，2002 年，全国开设学前教育专业的高校为 28 所，现已超过 100 所获准招生，学前专业位列新增热门专业前列。

三、普及农村学前教育需要明确思路，讲究策略，在加大投入、增扩园所和培养师资上持续努力

第一，加大投入，逐步实施农村免费学前教育。在教育事业发展中，

经济投入始终是基础和前提性因素。普及农村学前教育，可以借鉴免费实施农村义务教育的经验，由各级政府设立学前教育事业专项经费，同时注意向农村倾斜。近几年，我国人口出生总数基本保持在 1600 万左右，其中农村人口大致在 1000 万左右。如果要普及农村学前三年教育，按 1∶20 的师生比计算，普及农村学前三年教育大概需要 150 万名幼儿教师，以月薪 1000 多元的平均数计算，每年需要支付教师工资为 200 亿元。只要各级政府切实采取措施，完全有此经济实力，也完全在当前我国实际教育经费可调控范围之内。现在要做的，就是真正重视农村学前教育，并进行学前教育经费的合理分配，确保并先行实施一年免费农村学前教育。

第二，挖潜拓展，积极扩增学前教育机构。在当前农村学前机构严重不足、中小学校舍或教室部分闲置的情况下，充分利用闲置校舍和教室，把它们改建成幼儿园，或是在这些学校内增设幼儿班，试行幼小一体化。这样，既有利于尽快在农村特别是相对偏远和贫困的农村地区普及学前教育，也有利于这些地区巩固提高义务教育的水平和质量。与此同时，在幼儿相对集中的乡镇或行政村，如果没有闲置校舍，也要努力扩建或新建幼儿园，力争逐步实现农村学前儿童有园（班）可入。

第三，两面入手，加大学前教育师资培养力度。一方面，加大学前教育专业教师教育力度，即保持当前幼儿师范学校的规模，努力扩大高校学前教育专业的培养规模。引导学生进行小学（初等）教育与学前教育专业学习的融合，如鼓励小教专业学生与学前专业学生相互辅修对方专业。这样培养的毕业生能很好地适应将来幼小一体化的需要，有利于全面提升农村基础教育的水平。另一方面，采取一定措施，对农村小学教师进行学前教育专业培训，提高他们的学前教育水平。这些农村教师熟悉农村情况，并能长期从事农村教育工作，一旦把他们的潜力发挥出来，将极大促进农村学前教育的普及。

第四，系统运作，鼓励幼儿教师到农村任教。要保证农村幼儿教师的经济待遇，这是吸引幼儿教师到农村并在农村长期任教的前提。根据当前我国经济社会发展水平的现状，保证农村幼儿教师基本收入，逐步争取农村幼儿教师与义务教育阶段教师工资水平相当。与此同时，解决农村教师的后顾之忧，要落实教师编制、职称、住房、交通等方面的问题，确保农村幼儿教师进得来、留得住、干得好，以吸引他们长期在农村任教。

（本专题由河南新乡学院教育科学系但柳松博士编写。原文载于《继续教育研究》2010 年第 3 期，选入时进行了增修。）

5. 教师专业成长：园本"自主开放式"教研

托幼机构教育的特点，决定了幼儿教师工作的特殊性：它既是整个教育活动的组织者和实施者，又是幼儿身心健康发展的引导者和支持者。上海市青浦区凤溪幼儿园，努力进行促进教师专业发展的探索，建设"自主开放式"园本教研制度。

一、构建"自主开放式"教研机制的背景

随着办园质量的提高和规模的扩大，我园每年都有一定数量的年轻教师加入。这些年轻教师吸收新教育理念快，但是教育理论基础普遍薄弱，教育实践经验也较为欠缺。与此同时，随着二期课改的深入，师资队伍中也出现了理念更新及教育行为跟进方面的不同落差。农村幼儿园教师层次复杂，新老教师、非师范和师范专业教师差异大，各自的优势和发展需求迥然不同。教研活动作为园本培训的一种重要方式，对如何面对不同层面教师的专业发展需求，有效促进每一位教师的成长，成为迫切需要解决的问题。

新课程改革，呼唤一种全新的教研制度，需要一种民主、开放、高效的以教师为主体，以解决教育教学中实际问题为目的，以促进教师专业发展和最终实现每个幼儿的全面发展为宗旨的校本教研制度。为此，我园积极探索尝试，实施自主开放式的教研活动，取得一定成效。所谓"自主开放式"教研，指在原有教研活动定时间、定地点、定人员、定内容基础上进行拓展，形成一种时间、空间、内容、组织形式和参与人员均呈开放态势的教研活动。

二、"自主开放式"教研机制的运行

开放式教研活动，具有时间、空间、内容、组织方式和参与人员开放的特征，所以其运作机制重点突出的是开放性。

1. 时间的开放

在研讨为主的正式教研活动之余，我园大力开展更具实践性、及时性、针对性的非正式教研活动。

> **案例**：Z老师精心准备"好朋友生病了怎么办"这一活动，可幼儿们上课注意力不集中，活动没有达到预期的目标，Z老师非常失落可又不知道原因。饭后，其他老师知道了Z老师的困惑，并就这一情况相互交流了看法，提出了建议。如有两年教龄的H老师提出：是不是幼儿情绪没有稳定就开始活动了，或者活动中没有动静交替？经验丰富的L老师表达了自己的看法：目标定位偏简单，教师自己对"好朋友生病了"这一内容里可挖掘的教育资源认识不丰富，体验他人内心的情感、问候的话语、关心的语气表达、电话的礼仪、体验关心他人的快乐、电话号码的认知都可以丰富进去。M老师建议：这样的内容，放在"一日活动"点名环节更为妥当。由于及时地解决了Z老师的困惑，在另外一组教学中，她改变了活动时间，加深了目标难度，形式上加入了手工小制作和文学作品烘托。幼儿投入到担心好朋友、关切地问候好朋友、美好地祝愿好朋友中去。她感性地认识到了一日活动环节也是课程，学习活动只是切入点，可以根据幼儿特点运用丰富的形式，融合情感教育、思维训练等。

显而易见，非正式教研活动，及时地解决了教学中的实际问题，比正式的教研活动更为直接有效。其内容广而零散，关涉诸如家长工作有效性、班级环境管理、幼儿园人际关系协调、个别幼儿的行为问题、教师专业情意的肯定等正式教研活动往往无法兼顾的问题。正式的教研活动一般比较集中深入讨论和解决共性的问题，而其落实往往也需要非正式活动的支持。时间的开放性，让教研无所不在，教师随时在研究在思考。

2. 空间的开放

除了会议室，教研活动地点则根据需要选择，如教室、园外、办公室、多媒体教室，甚至在茶座开展沙龙式的研讨。

案例：为了优化环境布置，组长 J 老师请大家互相参观了每个班级后，并联系了邻近幼儿园，下午老师一同前往参观，一起谈论环境布置中值得学习和改进的地方。在实际的参观和比较中，老师们对教室内外环境及区域创设的布置，有了进一步的认识，如：合理运用空间，如何布置更符合幼儿特点的教学环境，如何使动态的环境变得更为和谐美观等。而这些，是教师们坐在会议室讨论所学不到的。

为了让教研更加贴近现实内容，提倡开放式教研活动地点的适宜性，如：磨课后就地研讨，教师们的认识更为感性；到外园同行处传经取道，更多的是放在茶室，在幽雅的环境中进行，这样，提问的人无包袱，解答的人轻松自如，更好地体现了交流的氛围；集体备课、优秀备课赏析，更多的是在办公室；一些特级教师的课例和讲座，则更多放在视听室……有的教研组在网上设一个专门的群，在上面转贴信息和材料，并在 BBS 上讨论问题。

总之，教研空间的多样化，也促使教师们处处学习、不断反思，养成良好的思考习惯，扩展了教研内容，有利于改变"理论实践两张皮"现象，使教研更贴近实际。

3. 内容的开放

内容的开放主要体现在研究内容的自下而上——根据教师实际需要

来确定大小专题，及时解决一些即时和动态问题，随时现场优化实际教学，有效解决实际问题。

　　案例：在新课改刚开展的时候，大家对动态生成的课程有些不知所措，大家商议把它作为研究小专题。小 J 老师是个新教师，观察细致善于思考，但经验相对缺乏，所以班级常规不稳定。班里饲养了蚕宝宝，她发现只要关于蚕宝宝的事情，孩子们专注的表情就会让她感动，而她也适时开展了相关活动：认识蚕、采桑叶、记录蚕的变化、绘画蚕等，每个活动都很成功。她把成功的喜悦与大家分享。组长敏锐地抓住了这一来自实践的范例，请大家分析成功背后动态生成的内容、方式、教师的观念等，请大家畅谈自己成功的细节，并结合一些特级教师的经验总结，使教师们对动态生成课程有了进一步的认识：要将年龄特点、生活经验、兴趣指向、知识构成、情意落实等诸多方面结合起来，知识点从经验或兴趣指向切入，但要具体，而思维、情意的落实，却可以丰富和立体。有了深层思考，教师们做起来就逐渐游刃有余了。一个个成功案例应运而生：小 X 老师，根据"蚯蚓之死"等几个生成教育片段，撰写的课程资源开发论文《聆听孩子，发展动态生成课程》还获得了市级三等奖，大家为之雀跃。

　　在这个案例中，教研的问题来自实践的困惑，教师们需要探究、勤于探究、乐于探究。在传统教研活动中，往往都是由上而下地制订教研内容，教师参与少。在开放式教研活动中，我们注意树立教师的问题意识，更在教研前倾听大家的想法；教研组长与组员共同制订教研内容。这样的教研，关注组员实际需要，更具实践活力。

　　4. 组织方式的开放

　　组织形式主要有两种，一是以课例为载体的制度化研究，二是组织的柔性流动的交流分享。

首先，以课例为载体，把教研扎根于课堂。"观摩""一课多研""视频课例"等，让教师更多地关注教学、关注孩子、关注自己的成长。而组织的柔性流动的交流与分享，则促进了团队的合作精神。如：口头的分享和书面的分享、现实的分享与虚拟的分享、固定的分享和流动的分享、正式的分享和随意的分享等，组织方式有会课卡、主题研习、沙龙讨论、营造"吧"、优秀备课赏析、成长档案观摩、BBS讨论、博客等。较之传统相对单一的组织方式（研讨为主），丰富的组织方式受到教师们的欢迎，也用更适宜的方式解决了教师们的共同问题和个别化问题，提高了教师的自我提升能力。

5. 人员的开放性

首先，每学期初教研组组员和组长之间开展双向性选择，加强了教研组的凝聚力，也体现了组员的自主性，提高了能动性。其次，活动开展过程中的人员，也具开放性——教研组根据研究需要，不断寻找专业伙伴，如园长、教研员、科研员、园内的教研组长、园内教师，也可以是园外的有经验的教师、组长或专业人员。

> **案例：** 大班组是我园先行开展新课程的年级。在刚实施新课程的时候，总是遇到很多问题，如两个主题的过渡、环境创设与教学推进的同步、生成性课程的萌发与原定教学方案的关系处理等。人员的开放性给了她们更多的便利：首先，邀请组长、园长同组员们共同梳理，从纷杂的问题中找出关键性的问题；其次，在教研活动中根据需要邀请不同的人员介入，有课改先行园的老师、园内的有经验的老师、区科研室的专家等。在这个过程中，问题梳理更为清晰，解决问题更准确快速。这样，大班组的教师们，不再对新教材感到害怕，而是兴致勃勃地尝试，在探究中实施。

人员除了在正式的教研活动中介入，更多的是非正式活动介入。如教研活动前后上下的沟通，柔性交流中自发寻找的人员：有园内、园外同行，有时在 BBS 上发贴，与专家、高校教师网络对话——这些都极其有效。人员的开放性，最大限度地拓宽了教师们的视野，凝聚了更多的力量，来让我们的教研组共同前进。

三、"自主开放式"教研机制的运行保障

1. 营造氛围

我园在与全区其他幼儿园保持联系的基础上，还与高校及科研机构联系，经常参加有关活动，并加大与社区的联系，为幼儿园管理和发展争取足够的资源。我们倡导开放、互动、共进的校园文化，通过各种方式和渠道让教师参与学校管理，充分重视教师的创造意识，发扬教师在学校管理中的主体地位，不断强化主人翁意识和工作责任感，激发其主动精神和创造意识，提高教师的自我价值感，提高工作效率。同时也增加管理的透明度和可信度，使教职工对学校更具信任感，让教师的聪明才智得到充分发挥，让每个教师与学校共同发展。

2. 制度保障

建立保育员教师轮流看午睡、固定教研与自主教研的互相结合、外出观摩后的说课活动、业务档案互相展示观摩等制度，从时间、方式上保证自主开放式教研活动的开展。建立教师自主发展规划和机制，增强教师专业成长的动力。

3. 技术支撑

校园网、白板、优秀课例光盘的购置等，为教师的学习研修提供了丰富的资源。

在上述举措配合和机制运行下，教师们由原来的故步自封，到现在主动寻求各种资源，对自身、教研组、园所的发展都空前关注。教研组氛围团结和谐、奋发向上，有凝聚力也有开拓创新精神。在新课程实施中，教师们认清自己的优势，在同伴互助、不断反思、寻找专业引领的

过程中展现自己。

　　（本文由上海市青浦凤溪幼儿园张红玢园长执笔编写。青浦凤溪幼儿园地处城郊，建设自主开放式园本教研制度是促进教师专业发展的探索，这对幼儿园教师管理工作也有启示。）

附录：香港学前教育印象

我们工作的地方和"单位"，是香港教育局"吕祺教育发展中心"的学前教育支援组。

香港教育局，是香港特区教育行政管理机构。整个香港教育局，下设四个分部，包括质素保证分部、教育基建分部、课程发展处、优质教育基金秘书处。学前教育支援组是质素保证分部下的一个部门。

学前教育支援组的工作，是学与教的资源支援。整个部门的目标，是成为学校持续发展的同伴；透过建立分享及反思的文化，建立学校的"学习社群"；强化教师指导儿童学习的能力；提升教师设计和评核符合儿童身心发展活动的能力；最终提升教师运用理论知识与教学实践的专业技能，促进学校发展配合校本条件及儿童需要的校本课程。学前教育支援组支援服务的项目，包括到校支援服务（课程规划与裁剪、儿童持续评估、建构儿童自主学习的环境）、内地交流协作、大学—学校支援计划、地区校长小组（凝聚同区校长，建立分享与交流的文化）。

香港教育局的同行，具有高度的专业精神和法治意识，常常是既管行政又管业务。

一、了解香港学前教育的承办主体

香港学前教育的承办主体，一般叫"幼稚园"——它沿袭的是新中国建立以前的称谓。也有叫幼儿园或幼儿学校的。

香港所有的幼稚园都是私立的，没有政府办的。私立园分为两类：一类是非牟利的幼稚园，可以申请学券；一类是独立私立幼稚园（本来叫牟利幼稚园，他们嫌"牟利"这个词不好听，改为独立私立幼稚园），不能申请学券。

香港的幼稚园，一般是由社会机构承办，如保良局、基督教宣道会、天主教圣母洁心会、浸信会、路德会、仁爱堂、苏浙商会、佛教、救世军……每个幼稚园，都根据自己承办机构的情况各有特点，有的有很浓的宗教色彩，悬挂圣母或耶稣圣像，在吃饭吃点心时有统一的祷告文；有的会把机构的标语作为校训；有的会把赞助人或者机构灵魂人物的画像放大并粘贴在门口醒目的位置……

香港的学前教育机构，分为幼稚园、幼儿园或幼儿学校。幼稚园：半日制，招收 3~6 岁的孩子，分为上午、下午两个班——这是香港主要的学前教育形式。幼儿园或幼儿学校：全日制，招收 2~6 岁的孩子，主要是为家长服务。这部分学前教育机构原属社会福利署，现归属教育局。工作时间是 6 天，如果父母确有需要，孩子每天在园时间可从早上 8:00 到晚上 8:00（晚上 6:00 后另外收费）。但额外的晚上时间，归社会福利署管，不在教育局职权范围。

香港学前机构的师幼比是 1:15。如果一个班超过 15 人，就要有两位教师。教师以分组教学为主，分组活动时，教师一般只带 10 人左右，这样可以照顾到每个孩子。幼稚园教师工作繁忙，每天都有较重功课要教授幼儿；中午只有半小时的吃饭时间，随即就要迎接下午班孩子入园，开始下午的教学工作。

与内地不同的是，香港教育局对幼稚园没有太多的"管理权力"。通常情形下，只能给予业务上的建议或支援。具体如何办学，最后的决定权还在幼稚园。幼稚园在董事会、校监、园长的领导下决定发展规划、办学的理念、实施的课程等。

二、了解香港"学前教育学券计划"

学券计划被誉为"学前教育的新里程"。为了让所有适龄学前儿童，都可接受费用合理并且质素优良的教育，香港政府在《2006 年至 2007 年施政报告》中提出了推行"学前教育学券计划"。该计划旨在通过引入市场竞争的元素，来实现在学前教育上投放更多资源的承诺。现在全港约有八成幼儿园都加入了该计划。

学券计划，直接向家长提供学前教育学费资助，孩子满 2 岁 8 个月就可以领取。可兑现学券的必须是非年利幼稚园、幼儿园或幼儿学校，符合指定标准的学前教育机构才可以兑现学券。学费收取上须符合标准，一般半日制的每名学童每年不超过港币 24000 元；全日制学校，每年不超过 48000 元。有意参与学券计划的幼稚园，须增加其透明度，向公众披露营运资料，包括教师的数目、校长和教师的资历及薪酬幅度、学生人数、学校设施和活动，课程、学费、财政资料及其他有关项目，以便家长选择。

在学券制中，每个孩子每年政府给学券 13000 元。开学时，孩子家长拿着信到学校交给校长，校长拿着信到政府领钱。有多少孩子，就有多少张学券。这 13000 元中，10000 元是学费，3000 元是给该校老师的达标或开展校本培训、学术交流等的费用。钱款的使用，有严格监管，要看资料，凭发票报销，不能滥用。拿学券的学校，必须按照指标进行考核。考核分为重点考核和抽查考核。考核评出等级——优异、良好、尚可、欠佳。每逢重点考核，学校质素保障部要有三四个考核员，在被考核单位待 3 ~ 4 天，观察教学全程，查看资料，开展老师调查、家长调查、孩子访谈等项目，指标细密、严谨。最后，给被考核学校一份质素评核报告书。这些报告，质素保障部都会在网上公示。评价好的单位，也以此为卖点吸引生源。

参加学券计划的幼稚园，每年要提交更新的教师专业发展计划，说明教师及校长的专业发展时间表，供教育局审批。从 2007 年到 2012 年 5 年内，香港教育局的政策目标，包括让所有在职的教师取得幼儿教育证书，校长完成校长证书课程，并鼓励其获得幼儿教育学士学位。从中可见香港教育局对提升教师、校长素质的力度和计划。香港教育局承诺，广听社会各界反映，对学券计划推行情况进行检讨，促进学券计划更有效地实施。

三、了解香港学前教育课程

香港把学前教育作为教育体系的重要基础，非常重视幼小衔接。整个课程架构的发展目标是以儿童为本，这与内地教育理念相近，代表了先进的幼教理念。

香港有《学前教育课程指引》。这个"指引"类似于内地的"纲要"，核心价值是儿童为本。它提出终身学习、全人发展的理念，明确了学前教育课程架构——包括设定目标、选取学习经验、组织学习经验、评估，提出学前教育的课程宗旨是培育幼儿在德、智、体、群、美全面发展，为生活做好准备，激发幼儿学习兴趣和培养正确学习态度，为未来学习打好基础。值得注意的是，香港教育很注重"群"的发展，这与内地提法不同。其中包括与人沟通、关怀社会、爱护环境等，类似内地的"社会领域"。推行"指引"，是要引导教师多思考自己的教学，看是否考虑到了幼儿的能力、兴趣，是否以儿童为本，尊重了幼儿学习的权利，充分发挥幼儿的潜能。希望借此形成教研文化。

课程设计的原则是儿童为本。幼儿是学习的主体，课程按照幼儿能力、发展需要、经验及兴趣而设计，兼顾认知和语言、身体、情意和群性、美感的整体发展，培养不同学习范畴的知识、技能和态度。以游戏为策略，游戏贯穿各学习范畴，帮助幼儿表达内心世界及进行探索。

课程内容，涵盖三个元素——价值观和态度、基本能力、知识范畴。三个元素通过六个学习范畴去落实，分别是体能与健康、语文、早期数学、科学与科技、个人与群体、艺术。六个范畴并非分科教学，鼓励学校以综合课程的形式推进，利用主题贯穿多个范畴，可以进行跨范畴的学习，使课程更灵活、更有弹性。课程内容也没有具体规范，给教师很大的选择空间。最重要的是，教师要根据兴趣和能力组织教材，形成适合自己的校本课程。弹性的活动和时间编排，多元化教师角色使教师充当供应者、观察者、参与者、介入者、启迪者。

课程发展处指出，课程发展最关键的环节是评估。从为什么要评估，到怎样评估，到评估什么，如何记录及报告，具体细致。校本课程的重点是均衡性和适切性。在于重视自主学习、自我发现和全面发展，强调多元化、生活化和趣味化，扩展学习空间，丰富幼儿的学习经验。

四、了解香港幼稚园的孩子

香港小孩很能干，也很辛苦。他们从出生开始，就要学习最基本的"两文三语"（即中文和英文，普通话、英语和粤语）。在幼稚园，每天都能听到不同语言的交响乐——这个班在学英语，那个班在学普通话；而粤语作为母语则贯穿活动全程。同样一个东西，香港的小孩要知道它的三种名称。

幼儿班（内地小班）孩子开始简单的点、线等练习。低班（内地中班）孩子就开始写字了。要写两种，一种是英文，一种是汉字，并且汉字是繁体字。孩子要很努力地写，教师也给孩子机会、时间，耐心等待。低班的孩子还要写数字，从 1 写到 100。高班（内地大班）要做 10 以内的加减运算。孩子们每天都很忙。因为有很多孩子是上半日班的，他们几乎要把全日班的内容，在短短 3 个小时内进行完。老师更忙，除了组织活动外，还要批改作业。

无论是哪个年龄班的孩子，只要上了幼稚园，就得自己背书包。每校书包各自都是统一的，每个书包侧面都有插卡塑封装置，插入学生姓名、班级等信息。有的预备班的孩子，只有两岁多，也背个小书包。每个孩子，都有贴有姓名的透明作业袋，每天完成并由老师批改好一并装进袋中，放学时带回家，家长要看。第二天再做新的作业。幼儿的学习作业纸，每月根据活动主题，向家长反馈一次。反馈纸与我们的试卷一样，语文一张，英语一张，数学一张。到期末的时候，不再进行总的考评。

五、了解香港学校"家长教师会"

香港学校的家长工作做得好，早有所闻。香港几乎所有的学校，都有家长教师会。家长教师会既有家长代表，也有教师参与——其中秉承着家长也是重要的教育资源、家长也是特殊的老师的理念，主旨是促进家长与学校间的沟通，建立伙伴合作关系。

与内地"家长委员会"不同，香港家长教师会在学校中是很重要的一块工作。比如，它的成立需要注册，具体成员有明确的职责与个人素质要求；要制定会章、编订一年的会务计划；要定期召开会议，包括会员大会、全年工作计划会议、常务工作会议及全年工作检讨会议等。家长教师会，每年都会配合学校开展一些活动。有亲子活动、讲座互访等增值课程、义工服务、宣传服务、社区服务等。

家长教师会活动经费的主要来源，一是向教育局"家庭与学校合作事宜委员会"申请拨款，二是家长教师会的会费。另外，还有一些学校或者其他团体资助。家长教师会有独立的财务管理，每年要进行财务报告的审核。家长教师会活动，有很大的自主权，可以参与学校的管理、推荐家长校董等。

与此同时，香港还建有片区的家长教师会联会，由各地区家长教师会自发组成。全港现在共有18个联会。这些联会在促进区内家长教师会的交流、推动家校合作、凝聚家长力量、促进教育及社区发展方面发挥着很大作用。

（本专题由南京市第五幼儿园巫莉副园长编写。作者参加了 2010 ~ 2011 年度"香港与内地教师交流协作计划"。选入时有修改。）

延伸与讨论指南

● 有人说，中国的教育家到陶行知、陈鹤琴为止，为什么这么说？陈鹤琴的学前教育思想在当代还有无意义？

因为像他们那样在极其艰苦的条件下办教育，实践自己的教育理论，并卓有成效者，确实不多见；陈鹤琴的"活"教育理论在当今仍有价值，幼儿园不能封闭办园，要让孩子多接触实物，要进行课程的实验，这些都是非常宝贵的原则。教育家的产生与特殊的时代境遇有关，当代的教育有较成熟的管理体制，也在一定程度上抑制了办学的自主性及创造性。

● 你了解中国县城以下级别的幼儿园教育现状吗？其中突出的问题是什么？如何解决？

总体水平有待提高，教育资源相对匮乏。最突出的问题是人员老化，缺乏系统培训，容易出现"小学化"倾向。全面调整现有的学前教育政策，真正重视学前教育。政策要向县城以下倾斜，改善办园条件，进行系统培训，努力提升教师素养及保教水平。

● 请你设想一下10年后中国城市幼儿园、农村幼儿园会如何发展？50年后呢？

10年后的学前教育政策将更加完备，幼儿园布局合理、均衡发展，满足辖区内适龄幼儿的入园需求。幼儿园软硬件达到国家强制性标准，经费以财政投入为主，家庭少量分担。农村幼儿园达到规范标准，杜绝"小学化"倾向，教师专业化水平达标。50年后的社会发展虽然难以预料，但希望幼儿园教育能纳入义务教育，适龄幼儿能接受免费的有质量的幼儿园教育，同时幼儿园教育向前延伸，实现0~3岁婴儿教育和幼儿园教育的一体化。

第七辑　保教工作与管理实务

- 保育与健康
- 膳食与营养
- 生命与安全
- 课改中前行

导　　读

　　本辑包括 4 个专题和 1 个附录，基于实践探讨幼儿园的保教工作与管理。

　　在"保育与健康"专题中，我们指出幼儿园卫生保健是一项重要工作，需要制定卫生保健管理制度。专题结合幼儿园发生的有关卫生保健工作的各种实际案例，夹叙夹议，给大家提供做好卫生保健管理工作的有效策略。

　　在"膳食与营养"专题中，我们指出合理膳食的内涵是，膳食中营养种类齐全、数量足够、比例适当，能满足正常的生理需要。专题分别结合肥胖幼儿膳食安排、改善幼儿贪吃冷饮、安排幼儿的零食与加餐、安排患儿饮食等案例，具体讨论如何合理安排营养膳食。

　　在"生命与安全"专题中，我们指出幼儿园安全重如泰山，应当"警钟长鸣"，遵循预见性、稳定性、空间性和规范性的原则。专题以玩具安全、交通安全、着装安全和门卫安全等方面的典型案例，具体讨论如何做好幼儿园安全工作。

　　在"课改中前行"专题中，由亲历者诉说上海市"二期课改"的酸甜苦辣，与大家分享探索的艰辛和快乐。这些感受，幼教同行可能遇到过，或许将来会体验到。

　　本辑附录，是"质量与规模：幼儿园的发展"。连锁园模式在实践中被不断运用并逐渐成为关注热点，附录从三个角度探讨了幼儿园连锁经营的优势。希望读者面对连锁园到处扩建的现象，冷静思考学前教育的质量与规模问题。

1. 保育与健康

保育是幼儿园工作的重要内容，健康是幼儿园教育的首要目标。本专题结合"晨检""服药""传染性疾病""突发事件"等具体案例，讨论如何做好幼儿园的卫生保健及其管理工作。

1. 晨检

案例：昊昊的爸爸上班早，很早就会将昊昊送到幼儿园，一般他都是第一个来园。可是，今天陆续来了几个幼儿后，才看到昊昊来园。按照习惯，他都会高高兴兴地从爸爸车上跳下来，跑到保健教师这儿来晨检。可是，今天他却没精打采的。有多年保健经验的保健教师，一眼就看出孩子今天的精神状态不好，于是摸了摸他的额头，昊昊果然是生病了——低烧。保健教师立即告诉他爸爸："昊昊今天不舒服，低烧了，你赶紧带他去医院看看。"他爸爸说："不会吧？刚刚吃早饭时还好好的呢。"昊昊爸爸摸了摸昊昊的头，才发现孩子是有点儿发烧了。

分析：通过多年的工作经验，保健教师发现有的幼儿在家身体好好的，在来幼儿园途中突然不舒服，也是常见的现象。如果晨检不到位，就会延误幼儿的病情治疗，有可能造成不良后果。所以，晨检工作要认真仔细，及时发现异常并通知家长，做到早发现早治疗。因此，幼儿园要加强晨检工作的力度及晨检知识的宣传，使家长们也能认识到晨检的重要性，并配合幼儿园开展好幼儿的晨检工作。

2. 服药

案例：早上来园，天天的爸爸给保健教师两包希刻劳

（0.125 克/包），并告诉保健教师说，天天早上在家已经吃了两包，请保健教师中午再给天天吃两包。当时，保健教师没仔细观察就收下了。到了中午，保健教师去给天天喂药时，发现每次服用希刻劳两包，每日 3 次，属于成人剂量，于是，保健教师立即跟天天爸爸联系，要求其核对病历。核对发现，医生嘱咐每次只吃半包，每日 3 次，原来是粗心的爸爸急于上班搞错了剂量。若不是保健教师工作细心及时发现，很可能造成不良后果。

分析：药物能治病，也能致病，特别是幼儿用药，更有严格的剂量和对症要求。可是在幼儿园里，有时就会因为家长的疏忽而发生孩子服错药的事。所以，每当幼儿生了病而又无须在家休息时，保健教师一定要严格把好服药关，以防类似情况发生。

以上晨检与服药的两个案例，充分体现了晨检是幼儿园卫生保健的一项重要的常规保健措施，这项措施早已纳入幼儿园一日常规管理工作中，是幼儿园卫生保健的首要环节。该环节通过摸、看、问、查及其他方式，能及时发现并判断幼儿的身体状况。保健教师要分别发放健康、服药、不卫生等不同标记的牌子让幼儿到班级报到，以便带班教师做到心中有数，幼儿带来的治疗药物，由保健医生定时喂服。晨检结束后，还要详细登记患病幼儿的病状、体征，视病情进行全日观察和追踪，最后诊断，为学期或年度多发病、传染病的病率统计提供依据。同时，还要在每学期开学前召开家长会，并在学期中为家长开展幼儿园保健知识讲座，给家长宣讲幼儿园晨检、卫生、消毒等知识的重要性。

3. 传染性疾病

案例：一天幼儿午睡起床时，一位教师急忙跑来找保健教师，说班级一位幼儿喊身上痒，撩开衣服一看，发现有很多红红的小颗粒。保健教师立即将幼儿带到医务室，并打电话通知家长，告诉其幼儿身体症状，初步怀疑是过敏或水痘前期症状，叫家长赶快带幼儿去医院就诊。之后，保健教师又通知每个班级，下班时一定要将教室、玩具、茶杯、毛巾等进行消毒，并让教师最近几天关注班级是否有类似情况。

分析：春季是传染病高发季节，幼儿园一定要加强卫生消毒力度，保健教师要经常深入班级检查指导，经常与班级教师交流沟通，询问并检查班级卫生保健情况，关注疾病尤其是传染疾病的发生。当发现有疑似传染病症状时，要及时通知家长尽早带患儿到医院就诊。一旦幼儿被确诊患有传染病后，幼儿园要及时进行班级环境卫生消毒工作。要通过臭氧灯、84 消毒液、来苏水、日光暴晒等多种方法，认真进行班级消毒。严格控制传染病的传染范围，要将传染源及时消灭，确保班级其他幼儿不被传染。同时，要在各班级配足配齐卫生消毒设施及设备，要求各班严格按照制度对幼儿活动的场所，如教室、盥洗室、辅助用房等活动室定期进行消毒，力求从源头上消灭传染源，确保幼儿园的卫生安全。

4. 突发事件

案例：开学后不久的一天下午，一位新生家长与一位教师争执起来。原来该家长接得晚，班级里只剩下两三位幼儿，但是他的孩子却不在班里，教师说孩子是被他家里其他家长接走了。恰在这时，门卫抱着满脸泪水、眼神惊恐的孩子来到班里，孩子一看见正与教师争执的家长便大声哭喊"爸爸，爸爸"。当爸爸看到哭着的孩子时，更加激化了与教师的矛盾。事后发现，当一群家长在接幼儿回家时，孩子趁教师不注意，自己跑到楼下去玩了，玩了一会儿后发现找不到教室，也找不到家长，就哭了起来，幸好被门卫看到，并抱着他去新生班级寻找。之后，园长第一时间带着教师向家长道歉，取得家长的谅解。在全体会议上园长以此案例为典型，对该教师作了严肃批评，全园教师就此接受了幼儿园突发事件处理的再教育。

分析：该案例由于教师工作不细心，导致幼儿趁教师不备，自己溜出教室。教师在自己还未弄明白之前，又武断地把责任推给家长，所以激化了矛盾。根据卫生保健制度中"幼儿园突发事件的处理"：集体机构中难免发生突发事件，如幼儿走失、意外伤害、食物中毒等。当事件发生时，当事人或发现人应在第一时间尽快通知园领导，由园领导向上级主管部门汇报，同时通知家长，不漏报瞒报。发生事故后，首先要保持镇定，安排主要人员参与突发事件的处理，保证其他班级和幼儿的正常学习、生活秩序。该案例中，教师工作失误是很严重的——不仅工作不细心，与家长沟通交流水平也很欠缺，并且推卸责任，事后不及时上报园领导，给园领导的安排处理带来很大的被动，严重违反了卫生保健制度及安全制度。所以，园领导后期的处理方式是恰当的，及时有效地化解了矛盾，批评了该教师，并以此作为反面典型案例，开展了批评教育活动，提高了全体教工应对突发事件的意识和能力。

以上案例充分说明，幼儿园是幼儿集体的活动场所，是易感人群集中的地方，保护儿童健康成长，是幼儿园的首要任务。为了提高幼儿园卫生保健工作水平，预防和减少疾病发生，保障儿童身心健康，幼儿园卫生保健必须贯彻保教结合、预防为主的方针，认真做好卫生保健工作。

（李玲　王莉）

2. 膳食与营养

　　儿童时期是身心发展最快的时期。为了保证儿童的健康成长和对疾病的抵抗能力，在给幼儿提供膳食时要做到合理平衡。所谓平衡膳食，就是膳食中营养种类齐全、数量足够、比例适当，能满足正常的生理需要。那么，幼儿时期需要补充哪些营养？怎样才能保证幼儿有一个健康而又强壮的身体呢？在本专题中，我们将分别结合肥胖幼儿膳食安排、改善幼儿贪吃冷饮、安排幼儿的零食与加餐、安排患儿饮食等四方面案例，具体讨论如何为幼儿合理安排营养膳食。

一、如何为肥胖幼儿制定合理的膳食

　　案例：幼儿园在一次体检中发现，有三名幼儿已达到肥胖标准。其中一名孩子身高128厘米，体重已经达到84斤，肥胖已经影响该幼儿的身体健康。通过与家长沟通商讨，幼儿园制订了调控孩子膳食结构和就餐习惯等饮食方案，来改变这三名幼儿的肥胖症状。通过家园配合，以上饮食方案得以有效实施，经过近一年的时间，三名幼儿的肥胖症状明显改善，家长对此极为赞赏。

　　分析：在幼儿的膳食工作中，平衡膳食、合理营养，是满足幼儿身体发展，保证幼儿健康成长的物质需要。"望子成龙，望女成凤"是为人父母的共同愿望。通过调查发现，有些家长片面地追求高营养，给孩子补充过量的营养品和高蛋白物质，如过分崇尚鸡、鱼、肉、蛋等高营养的食品，又如高蛋白粉、高脂肪食品、微量元素、巧克力，常带幼儿吃肯德基、麦当劳的鸡腿或肉块、牛排等，所有这些，都会引起幼儿身体发育提前、增速和性早熟，容易造成肥胖症。也有家长一味顺从幼儿的口味，养成了幼儿挑食的坏习惯，却忽视了如何平衡膳食，导致幼儿身体的不良发育。

由此可见，为幼儿提供合理、平衡的膳食是非常重要的。合理平衡的膳食，既能满足幼儿平衡营养的需要，又能使幼儿摄取必要的营养和热量，从而保证幼儿正常生长发育，避免营养过剩和相关疾病的发生，保证幼儿身心健康成长。

二、如何应对幼儿夏季贪吃冷饮

案例：在炎热夏季到来之际，经常有家长对教师抱怨孩子饮食方面的问题，如：反映幼儿食欲不好，不吃主食，常常在吃饭时闹着吃冰激凌、喝饮料等，若是家长稍微严格要求一点儿，她们就会以哭闹来对付。这些情况，常常让家长很头疼。而幼儿在幼儿园吃得却很不错。听老师反馈后，家长很是不理解。家长还表示为了避免幼儿的哭闹，只好让他们吃冷饮、喝饮料等。

分析：案例中这样的情况并不少见。在某种意义上说，是家长的娇惯、怜爱心理造成了幼儿爱吃零食的不良习惯。夏季多吃冷食，往往造成幼儿消化液分泌减少，消化吸收功能减弱甚至混乱，引起消化不良甚至腹泻。其实，夏季幼儿的热量和营养素消耗多，更应该补充营养。要为幼儿制定合理的营养膳食，防止夏季肠胃炎、腹泻的发生。如果幼儿发生了腹泻，将会进一步破坏幼儿肠道的消化吸收能力，降低幼儿的抵抗能力，直至影响幼儿的生长发育。因此，制定合理的营养膳食结构，认真有序地执行，是非常关键的。

三、如何合理安排幼儿的零食与加餐

案例：许多家长下午到幼儿园接孩子时，总会带一些零食给幼儿吃。如薯片、果奶、巧克力、面包及水果等。还有的家长，接到幼儿后就立刻在幼儿园门口买零食给幼儿吃。他们唯恐孩子在园里饿着、渴着了。尽管幼儿园多次在家长会及家委会上，强调要改变幼儿吃零食的不良习惯，但由于家长宠爱孩子，这种现象往往屡禁不止。

分析：幼儿能否吃零食？对此许多家长都有疑问。其实，根据幼儿生长发育的规律和特点，幼儿是能少量吃零食的。但零食毕竟不是主食，孩子胃口小，吃多了会影响正常食欲，所以，家长在给孩子选择零食时要挑健康食品。

幼儿在幼儿园里一天的食物用量是根据中国营养学会制定的标准来进行的，因此，家长下午接孩子时带零食是没有必要的。幼儿处于生长发育阶段，一日三餐不能完全满足他们的需要，因此需要在两餐之间增加一次点心作为补充。幼儿园下午三点左右有一顿点心，通常有25克左右的米面食物和70克左右的水果以及其他种类的食品。至于饮水，更不需要担心，孩子每天在幼儿园内至少要喝4~5次水，共约400毫升，一般上午、下午各2~3次，以保证孩子每天的需水量。因此，家长来接孩子的时候，孩子的身体一般不需要营养补充。如果这时进行食物补充，反而会影响孩子晚餐的食欲。

有一些家长发现，孩子上了幼儿园后，回家吃得比以前多了，这是不是孩子在幼儿园没有吃饱呢？不是。其实，这正是幼儿园有合理的营养膳食结构及安排的结果，也是幼儿长身体的一种正常表现。随着孩子长大，活动范围日益扩大，活动量逐渐增加，幼儿园里的规律饮食，势必会增加他们的食欲，使他们的胃口大开，进食量自然比以往有所提高。

四、如何安排患病儿童的饮食

案例：晨间谈话的时候，小米的妈妈对韩老师说："小米昨天发烧刚好，这几天吃饭可能没有胃口，请老师多照顾一点。"韩老师和保健老师沟通后，中午给小米少盛了一些特制的饭菜

（稀饭），耐心鼓励小米吃，并观察小米今天的身体情况，没有发现异常情况。

分析：其实，生病幼儿少吃一些没关系，不能逼着孩子吃东西。孩子发烧以后，唾液分泌减少，胃肠道活动减弱，由此会产生食欲不振的情况。如果硬逼着孩子吃东西，反而会出现消化不良的现象。针对这种情况，饮食应该清淡。因此今天保健老师特意让厨房帮小米做了一碗稀饭，以帮助他消化。所以，针对不舒服或患病接受观察的幼儿，饮食上要给予特殊的照顾，根据幼儿的症状和病种供应饮食，并由保健老师或班上老师通知食堂给患儿做特殊饮食。

五、如何合理安排幼儿的一日膳食

通过以上案例可以看出，要针对幼儿身心发展的特点和幼儿园的实际情况，给幼儿提供合理的营养，以满足幼儿生长发育的需要。合理安排幼儿园的膳食，需从以下几个方面着手。

（1）根据营养需要制订幼儿食谱。幼儿所需要的营养素有蛋白质、脂肪、碳水化合物（又称糖类）、矿物质、维生素和水等六大类。因此，我们要根据各类食物特点，进行合理搭配，并根据幼儿的年龄特点、生理需要来进行营养进食量的计算，将各种需要的营养素合理分配在各餐点中。

（2）根据不同季节制订各季食谱。一年有四季都会出现不同的新鲜蔬菜、水果和食品等，冬春季节是幼儿易发传染病的时期，所以要供给充足的热能和蛋白质，以提高防病能力，给予幼儿各种动物性食品、主食、绿叶蔬菜和各种水果；春末夏初幼儿身高增长加快，要为幼儿充分补充维生素 D、钙等，以促进骨骼生长发育，可选用牛奶、虾皮、鸡蛋、鱼类等；进入夏季后天气逐渐炎热，影响幼儿的食欲，容易引起缺铁性贫血，应为幼儿安排猪肝、鸡蛋等动物性食品以及冬瓜、番茄、绿豆等及水果，既清热解暑，又为幼儿提供合理营养；秋季凉爽，幼儿食欲有所改善，生长发育速度加快，特别是体重增加较快，要及时补足热量与各种维生素，应选择苹果、葡萄、香蕉、丝瓜、四季豆等。

（3）根据年龄特征制订不同食谱。可根据各年龄段幼儿特点、身高、体重与活动量，对照食物参考表，制订出适合每个年龄段的营养食谱，从而保证膳食平衡，满足幼儿生长发育的需要。

（4）根据调查分析不断完善食谱。所谓幼儿园的膳食分析，是了解幼儿每日从膳食中摄取热量和各种营养素的数量与比例，分析是否能够满足其生理需要。幼儿园每月可由保健医生负责，定期对幼儿膳食进行调查分析，掌握其营养状况和发育情况，如发现不平衡情况就及时调整食谱。

合理膳食是一门学问。为幼儿提供合理的膳食，掌握好进食的质和量，就能为幼儿提供充足的营养，保障幼儿健康成长。幼儿好奇心和模仿能力强，膳食心理很容易受成人对食物好恶的影响，也易受食物的色、香、味、形和量的影响。教师和家长要了解幼儿的膳食心理，对食物恰当调配烹饪，维持幼儿健康的膳食环境和膳食均衡。

（李玲　王莉）

$\mathcal{9}.$ 生命与安全

近年来，由于校园伤害事件不断攀升，幼儿园安全成为社会的热点。幼儿园安全，涉及玩具的安全、活动的安全、交通的安全、着装的安全、防火的安全、门卫的安全等多个方面。幼儿园安全，重如泰山。应当防患于未然，加强预见性，遵循预见性原则；应当组织有序、稳定幼儿情绪，遵循稳定性原则；应当提供充分活动时间与足够活动空间，遵循空间性原则；应当教育与信任并重，处理好"管""放"关系，遵循规范性原则。

本专题以玩具安全、交通安全、着装安全和门卫安全等几个方面的典型案例，来具体谈谈幼儿园的安全工作。

案例一：户外活动时，孩子们玩得一头汗，我让他们将外套脱掉。当接到小远的外套时，我感觉有尖尖的东西划了我一下，我立即检查，发现他口袋里有大头针，把我们都吓坏了。这么危险的东西，幼儿园不会有，教室更不会有。我急忙将小远喊来，问他这些大头针是从哪里来的，小远支支吾吾，怎么问他都不肯讲。下午，小远爷爷来接他，我向他爷爷说了此事。小远爷爷说："那个是我钉在门帘上的，他觉得好玩，老是抠，在家发现过几次，还教育了他，没想到他竟然将大头针带到教室了。对不起，对不起。"我说："还好，这次没发生意外，家里危险的东西，要注意孩子是否会拿，要预防危险的发生。早晨来幼儿园时，家长要仔细检查孩子，看看有没有危险的东西，一定不能将危险带到幼儿园。"

分析：孩子户外活动时，安全是最重要的。但是，有时还是避免不了危险的发生。本案例中，老师们根本想不到孩子会把家里的大头针带到幼儿园。这个危险是很大的，不但可能会伤害到幼儿自己，而且也有可能会伤害到其他小朋友。当然，这种危险是可以预防的，这就需要家园的配合。因此，教师一定要跟家长沟通，让他们检查家里是否有危险的东西，在送幼儿来园前，家长一定要细心检查幼儿的衣服，防止危险的东西带在其身上，预防危险的发生。

这个案例也提醒我们对玩具使用及管理的必要性。因为玩具是幼儿每天都要玩的，应该避免给儿童带来伤害，从玩具的购置、使用到保管上，都要保证安全。一是避免购置危害幼儿安全的玩具，如：边缘锋利的、容易破损的玩具，用有毒材料制成的玩具等。二是幼儿玩玩具的方法，尤其是户外大型玩具，应让幼儿掌握游戏常规，对于需要教师指导幼儿才能玩的玩具，一定要在教师的指导下进行，如一些需插电的电动玩具。三是玩具的维修保管，如定期给玩具消毒，对残旧玩具及时修理或废弃；对大型户外玩具要经常检查、清洁，沙池要清理，避免尖锐物体刺伤幼儿。

案例二：角色游戏开始了，青青今天做出租车司机。只见他非常开心地开着小车，来来往往。突然，宁宁的车飞快冲了过来，把青青狠狠地撞了一下。青青摔倒在地上，大声哭了起来。看到刚才一幕，我正要批评宁宁，突然见宁宁一副闯祸后非常紧张后悔的表情，我转变了想法。为什么不换一种方法，帮助孩子认识自己行为带来的严重后果，并在以后活动中避免出现同样的行为呢？于是，我装作不知道刚才发生的事情，并问他们："怎么了？"青青边哭边说："宁宁刚才把车开得很快，把我撞倒了。""什么？是出车祸了呀！那可不得了，你一定受伤了，很痛吧？万一有什么问题，可不是闹着玩的。快，快让我送你到医院检查。宁宁快来帮忙呀。"我表现出一副紧张的样子。说完，要求宁宁和我一起扶着青青慢慢地来到了"娃娃医院"，"医生，快给他检查一下，他刚才出车祸了，宁宁的车开太快把青青撞倒了。"于是，涛涛医生就让青青躺在床上，像模像样地给他检查起来，并不停地责怪宁宁："你呀，一点儿也不懂事，为什么把车开那么快？把青青的腿都撞断了。"说着用手抬了抬青青的腿，"不行，青青要住院手术。以后你开车可要慢一点儿，记住了吗？"宁宁在旁边不住地点头，说："我下次一定注意，慢点儿开。"

分析：在平时自由活动和游戏中，经常会出现以上情形。孩子们在教室里你追我赶、打闹嬉戏，一不小心就会摔倒，甚至发生流血事件。对于这样的突发事件，老师们常常是千篇一律的说教，不停地教育孩子们在活动室不要奔跑，要注意安全。可是结果是，老师说得口干舌燥，而"肇事者"除了当时诚惶诚恐乖乖认错外，到玩的时候却又忘记了。这次我尝试以游戏形式来处理，使孩子始终处于游戏的情节中，并在游戏中借涛涛"医生"的口"教育"了宁宁。如此，不仅避免了宁宁由于撞倒人而必须挨的批评，造成心情不愉快，不情愿地接受说教，反而使宁宁真正意识到自己的鲁莽行为给同伴带来的痛苦，也使青青忘记了刚才发生的不愉快，同时还丰富了游戏情节。

案例三：晨间活动时，我带着小班的小朋友们玩"老狼老狼几点了"的追逐游戏，孩子们玩得很开心。不一会儿，笑笑摔倒了，大声哭了起来。我赶紧走过去，一看她膝盖破了，鞋带也散了，应该是跑的途中被鞋带绊倒。问其他小朋友原因，果然如此。我赶紧通知她妈妈，并将她送到医务室。之后，跟她妈妈解释笑笑摔倒的原因，并告知以后不要再给孩子穿有鞋带的鞋子。

分析：在幼儿园着装不安全，对幼儿也会造成伤害。在家中，家长只带着一个小朋友，着装安全事故相对少点儿。但在幼儿园，小朋友集体生活，着装的安全就非常重要。小班小朋友一般不能完成系鞋带这样困难的动作，因此，不建议他们穿有鞋带的鞋子。当小朋友穿着系鞋带的鞋子参与游戏时，鞋带松开就容易摔倒，严重的还会造成伤害。因此，要引起家长对幼儿着装安全的重视，提高家长的防范意识。同时，也要积极引导幼儿，让他们了解着装安全知识。当然，教师也不能穿太短、太窄、太长的裙子，以及跟太高的鞋，以免幼儿发生意外时教师不能及时应对。

案例四：几年前，有报纸刊登，重庆某幼儿园4岁的小女孩晶晶被陌生人带走，摧残得浑身是伤。小女孩父母将幼儿园起诉到重庆九龙坡区法院，索赔精神损失费8万余元及医疗费。据了解，在晶晶遭受伤害的当天下午，其父亲唐某去幼儿园接女儿时接了个空。唐某找到值班老师询问，老师也一脸茫然。经老师仔细回忆并在幼儿园四处查询，才回忆起晶晶尚未放学时，就被一名自称"叔叔"的男子接走了。

分析：这起案件属于外来人员侵害而引起的幼儿伤害事故。此类事故在幼儿园发生率最高，伤害面大，程度严重，影响恶劣，这说明幼儿园的门卫管理和幼儿接送环节中的漏洞最大，隐患最多。有的是门卫管理不严，外来人员乘家长接孩子时人多混进幼儿园；有的是幼儿园只认接送卡不认人，外来人员拿着捡到或偷来的接送卡将孩子冒领；有的是别有用心的亲戚或熟人骗领孩子，教师放松警惕……种种原因造成了此类幼儿伤害事故。

首先，幼儿园要实行接送卡制度，由固定接送人持卡接送，卡上只标明班级代码和幼儿编号，不出现幼儿姓名和照片，预防被对应冒领。其次，对于非固定接送者来接孩子，包括亲戚朋友，教师要多留个心眼，无论是否有卡，都必须与原固定接送者取得联系（如打电话，让其发个声明短信等），得到许可后方能让其接走。再次，门卫应该是50岁以下的强健男性，经过安全保卫技能培训，并严格执行门卫制度，家长接送孩子时必须站在门口把关，无接送卡的人拒绝进园，对陌生人要严加查问，严防可疑人员进入。必要时还可预备一些防卫的器械，如电警棍、钢叉等。实践证明，积极有效的管理是确保幼儿安全、防止意外事故的基本保障。

    以上几个案例，都是比较具有典型意义的。当然，幼儿园安全工作的内容很多，要时刻警惕，关注每个细节。幼儿安全教育，就是要使幼儿安全意识获得提高，真正使他们自律，最终形成安全的行为和习惯。幼儿的安全管理与教育，不是一朝一夕的事，需要我们永远绷紧安全工作这根弦，做到警钟长鸣！

（李玲）

4. 课改中前行

　　实例：这学期，某中班家长感到了教师教学方式有明显的变化。比如，课程实施中，每一个新主题的目标及配合要求都会在家园联系栏中告知家长；主题进行过程中，还会让家长与孩子共同收集资料，提供相应的教育资源——上次孩子就拿来一张表格，调查爸爸的爱好；有时还根据教育内容需要聘请有特长的家长来幼儿园给孩子上课。主题结束时，还会让家长评价孩子的发展状况。"为什么要这样做？"一次，在班级家长研讨会上，家长提出疑问，老师说：我们在进行"二期课改"。

　　背景说明：1989年原国家教委颁布了《幼儿园工作规程（试行）》。由此，开始了我国学前教育历史上具有深远意义的改革。上海市学前教育改革，是上海整个基础教育课程改革的重要组成部分。这一改革有着全国学前教育改革的背景，并在国家文件精神指引下，承担着某种"先行先试"的任务。因此，上海市幼儿园课程的全面改革，早在20世纪90年代初就已拉开帷幕，即当时的"上海市幼儿园新课程"，简称"一期课改"。2001年教育部又颁布了《幼儿园教育指导纲要（试行）》，掀起了以推进改革、促进教师专业发展、提高教育质量为宗旨的新一轮行动。至此，上海市学前教育也进入第二期课程改革，简称为"二期课改"。其指导性文件为上海市教委先后出台的《上海市学前教育纲要》《上海市学前教育课程指南（试行稿）》（以下简称《指南》）。上述案例中，教师的做法正是体现了《指南》中的相关要求。

作为一个"新上海人",我亲历了"二期课改"的过程,深深体会到,改革带来了新的理念、新的工作和新的要求。与此同时,在欣喜地发现课改带来的教师、幼儿变化的同时,也深深地感受着探索的艰辛和思想的碰撞。一路走来,感到这一套课程改革理念先进,但是这也对一线教育实践者提出了更高的要求,甚至带来了困难和不便。可以相信,这些感受幼教同行可能也遇到过或将来也会遇到。所以,写出来与大家讨论。

一、面临价值碰撞:如果对于基本概念理解有偏差,常常导致盲从与操作上的混乱

伴随着课改的启动,一系列新鲜名词扑面而来。诸如"高结构、低结构""园本化课程""整合""自主""个别化学习""共同生活""探索世界""表现表达"等,有的是外国引进、专家贡献,有的纯属民间创造。

但不管其出身,借着改革潮流,却也获得广泛认同而大行其道,如"主题背景下的××活动"。有的没有规范化的解释,全凭实践者的理解去运用,如"课程内容的整合""幼儿自主活动";有的即便给予了解释,也容易导致误解或操作上的困难,如"共同性课程"与"选择性课程",在《指南》上虽有定义,但还是歧义百出。许多人将"选择性课程"等同于"特色活动""特色课程"——他们热衷于特色活动的开发开展,而忽略了促进幼儿基本发展的共同性课程的贯彻落实。又如,对于"预设"与"生成",这本来是两种课程形成的方式,教师们对预设的课程比较熟悉,对如何组织生成性的教育活动,则感到十分生疏、茫然。课改伊始,有些幼儿园甚至硬性规定每周有一天一定要上生成课,不允许安排现有教材中的内容。也有幼儿园规定本园的课程中80%的内容来自预设,20%的内容来自生成。

如此繁多的概念、名称,常常混淆了视听,搞乱了自己,导致实践中的无所适从或跟风、盲从现象的产生,缺乏定力。其症结是,价值的多元和混乱。只要主流价值游移、动荡,一线工作中思想上的"纠结"就会存在。

二、改革呼唤效率：课改带来习惯打破、教学多样化和工作量的增加，常常导致教师负担过重

"二期课改"推行之后，一改以往只关注集体活动的现象，强调了对个体差异的尊重；改变只重视显性课程的现象，强调了环境与幼儿的互动、隐性课程的作用，这些都是积极可取的。然而，随之而来的区域性运动、混龄活动、区角等活动样式的出现，却给教师带来了诸多烦恼：区域性运动环境怎样布置？区角是游戏还是学习活动？怎样提供材料？怎样进行观察指导？没有标准答案，没有统一的材料，一切都靠教师去实践、探索。应该说，一线教师是积极而富有智慧的，他们勤于动脑动手，在实践中创造出了多样化丰富的操作材料，满足了幼儿活动的需要。

但是，上级的要求接踵而至：区角材料既要有高结构的，又要有低结构的；要体现年龄差异；要有层次以促进不同水平幼儿的发展……于是，教师又开始了孜孜不倦的研究，花费了大量的心血。与此同时，传统的集体教学不能忽略（即上课，有专家称之为"幼儿园教师的看家本领"），还得继续加强、有所创新：要创造条件让幼儿通过直接体验来学习，学习内容要具有教育价值，又要有一定的挑战性等。专用室也要开设二胡室、棋类室、蒙氏室……五花八门，要么自己选编活动内容、自己执教，要么外聘人员进行教学。

笔者认为，"二期课改"在吸收各种学前教育流派思想、学习各种课程模式、博采众长之后，却难免出现面面俱到的求全现象。种类繁多的教学活动，都需要教师从内容到方法，从理论到实践去"建构"，试问，有几个教师有能力、有精力承担起如此重任？甚至有时候还是无休无止的重任。而且，实施新课程之后，为降低师生比，提高师生互动的质量，绝大多数幼儿园不约而同地采取了分组教学的方式，即一位教师带一半幼儿开展活动，户外运动、集体教学、区角活动等，都是两位老师同时带班，如此，教师每天带班的时间长达6小时，哪里还有时间去反思总结？

个人认为，我们的改革有意无意地漠视改革与工作负荷（效率）的关系，这样就出现了教师负担过重的情况。课改带来教学样式的多样化，

也常常带来工作量的增加。何时在改革的同时，实现"目标优化"和效率提高（工作负荷减轻或不加重），这是一线教师和园长最期盼的。

三、体制机制压力：课改使教育管理环境产生巨大变化，民主开放性课程管理，对园长提出严峻挑战

任何改革，都会伴随思想观念和体制机制的变化。上海市"面向21世纪上海市学前教育新课程"的改革，更是体现了这种要求。

除此以外，"二期课改"在课程管理方面更突出民主性，强调发挥幼儿园和教师在课程建设上的积极性和创造性。要求幼儿园要制订课程方案、组织课程实施、进行课程质量评价、培育教师的课程意识，提升教师课程开发与实施的能力。如此，对教师和园长都提出了新要求。园长要学会课程管理、提高课程领导力，这对园长来说，是个不小的挑战。只有身处其中，才能切实体会其中滋味。

长期以来，园长熟悉事务性管理，对教学的指导主要通过看课、评课、看环境创设、查阅保教计划来进行。现在工作的重心，转向课程领导，一方面，要求园长具备课程规划的能力，分析各方面的情况，针对本园实际对课程进行园本化设计；另一方面，还要求园长组织课程落实，从内容的选定、资源的配置、教师培训，到过程监控、成效的评定，均要由园方独立完成。园长能担此重任吗？这样的要求是否过高？同样，教师也不能仅仅做一名课程的执行者，还要成为课程的开发者和研究者。

作为"亲历者"，个人认为，我们的幼教改革，要处理好与社会整体改革的关系，与社会体制改革的目标和阶段相适应，与幼教队伍的整体素质相适应，并在机制运作上寻求配套。

"二期课改"推行至今，应该说变化不小。但是，上述问题也一直在困扰着我们，激励着我们不断地去思考、去发现——常常是既有百思不得其解的困扰，更有豁然开朗的喜悦。我们期望随着改革的深化，我们将渐行渐近，无限接近以幼儿发展为本，以教师职业幸福为宗旨的改革目标。

（张红玢）

附录：质量与规模
——幼儿园的发展

随着市场竞争向各个领域的渗透，产业化经营方兴未艾。我国也涌现出一些较大规模的教育集团。其中，连锁园模式在实践中被不断探索并逐渐成为公众的关注热点。从本质上讲，连锁是在专业化分工的基础上实现流通的系统化和规模化，即把现代化大生产原理应用于商业流通和经营服务领域，以达到规范统一、方便协调与扩大规模、提高效益的现代组织经营模式。

幼儿园连锁经营至少体现为"五个统一"，即统一标识、统一公关、统一规程、统一收费、统一培训。也就是说，至少实现了以上"五个统一"，并且"分园"达到一定数目（一般认为，至少3个且不局限于本地）才算是"连锁"了。

显然，作为一种新的经营管理形式，连锁经营也是要"论资格""讲条件"的。这些条件由内外部两个方面构成。其中，连锁主体尤其是授权者的自身条件是：要有人才、资金、品牌，有文化的建设；连锁经营的外部条件是宽松的社会环境，具体是特定区域对连锁服务的需要。

连锁经营在很多方面存在着优势，可从不同角度进行概括。这里，我们分别从经济管理的基本原理、连锁管理的基本特征和契约双方的共赢关系等三个角度，探讨幼儿园连锁经营的优势及其发挥。

一、从经济管理的规模效益原理看幼儿园连锁经营的优势及其发挥

现代化生产是"大生产"，要求批量生产批量供销，以扩大规模、提高效率、降低成本。这种要求生产和经营活动都达到一定规模而实现效

益的思想，就是所谓的"规模效益原理"。连锁经营就是把规模效益原理应用于分散的商业、流通和服务活动中，使分散零星的组织经营管理活动专业化集中化，进而对各种作业流程标准化、简单化，从而实现以规模提效益的目的。

幼儿园连锁经营的规模优势，主要体现在以下几个方面。第一，采购、仓储、配送的规模优势。通过对分园基本用物采购权的集中，可以因为获得批量优惠而降低采购成本。在集中采购基础上实现合理库存和集中配送，避免库存过多或缺销。第二，品牌宣传和公关的规模优势。由于连锁园遍布一个区域、一个城市甚至全国、全世界，其总园可统一进行品牌塑造、广告宣传和社会公关，其费用可以分散摊薄。第三，开发研究和教育培训的优势。连锁园可以在系统内聘请专家指导，设置研究课题，组织教育培训、专题进行课程研究和特色开发，其各种经验和成果可在整个体系内推广。这些都是个别园运营很难做到的。

二、从连锁管理的基本特征上看幼儿园连锁经营的优势及其发挥

一定的生产和管理规模，是现代管理从经验走向科学的社会背景。连锁经营的基本特征，主要体现在经营管理的科学化专业化、简约化集中化、规范化标准化等方面。

（1）幼儿园经营管理的科学化专业化。在幼儿园经营管理中，其科学化往往是通过专业化来体现的。专业化是指连锁园经营的各个环节根据不同的经营方面而分成各个业务部门。不论是正规连锁、特许连锁还是自由连锁，其内部大体分为总园与分园两个层次（有的还存在地区总部）。从职能分工上看，总部的职能是规划设计，分园的职能是组织实施。总部的使命除了确定发展目标、选择实施路径和统一品牌经营外，还有一个重要职责就是，研究管理技巧用来指导所属各分园的管理和业务工作，这就使分园摆脱个体园运作习惯转向专业技术的提升，在获得技术共享效益的同时也分摊了技术开发的成本。

（2）幼儿园经营管理简约化集中化。幼儿园现场作业的简约化包括

两个方面：一是连锁经营各个环节的现场作业简单化。指连锁园的作业流程、工作岗位上的业务活动尽可能简单，以减少经验因素对经营的影响。为此，连锁园一般按整个作业流程中的各工作程序，相应制定一个简明扼要的操作手册，这种手册对各个岗位均有详尽的规定，任何人均可在较短的时间内掌握。二是指连锁园开办新分园相对简单。由于连锁园实现了经营管理的专业化、标准化、集中化，使开办新分园时从单园经营的逐一落实变成了统一规范的复制，从而实现开办过程简单化。因此，连锁园一旦完成了自身建设的规范化后，便可迅速开设新分园。在幼儿园经营管理中，其简约化往往是通过集中化来体现的。而连锁经营的同业性，使各分园的一些共同性活动，如共用商品的采购、仓储、配送和财务核算等可以集中起来由总园统一操作，这就从总体上降低了经营管理成本。连锁经营在经营管理上的集中化，是以互联网普及与信息管理科学化为背景和前提的。主要体现在由连锁总部集中制订连锁各种发展规划和工作规程，并通过连锁经营的集中化管理，从而使发展规划分期分批得到实现，其程序流程十分简约和清晰。

（3）幼儿园经营管理的规范化标准化。规范是为了群体成员共同遵守而形成的，共同遵守的群体规范逐渐成为标准。因此，在幼儿园经营管理中，其规范化往往是通过标准化来体现的。连锁园在经营中的标准化，至少体现为两个层面：一是宏观的"五个统一"，即统一标识、统一公关、统一规程、统一收费、统一培训；二是微观的品牌塑造和工作流程的规范与统一，主要表现在服务和整体形象的标准化上。服务的标准化，如分园课程的开发设计、标准化的设备陈列、技术程序、公共关系、员工培训等，都有统一组织和规范，从而满足消费者对标准化服务的要求，保证连锁园服务的统一性。连锁园形象的标准化，包括各分园统一园名、标识，统一装修，并保持外观、色彩、字体、标牌等的一致性；在员工服饰、服务时间、公共关系、服务价格与质量等方面保持一致。连锁园整体形象的这种一致性与服务上的标准化结合起来，使连锁园即使在不同区域开设，都可以对相同消费群体收到相同的效果，从而使消费者的信任得到延伸和传播。

三、从契约双方的共赢关系上看幼儿园连锁经营的优势及其发挥

按照不同的划分标准，连锁经营可划分为多种模式。按照连锁经营权与所有权的集中程度，连锁经营可分为直营连锁、特许连锁和自由连锁三种模式。连锁园之间的关系，实质上是一种合同契约关系，其中介是以品牌、声誉为主要标志的知识产权授予与共享关系，这就是所谓的"特许经营"。《商业特许经营管理办法》第二条规定：本办法所称商业特许经营（以下简称特许经营），是指通过签订合同，特许人将有权授予他人使用的商标、商号、经营模式等经营资源，授予被特许人使用；被特许人按照合同约定在统一经营体系下从事经营活动，并向特许人支付特许经营费。根据这一条的规定，双方的合作基础分别是特许人的知识产权和经营模式，以及被特许人的投入资本。特许人一般会通过合同掌握特许加盟店的最终管理权，而被特许人对自己的投资拥有所有权，双方通过合作各自取得收益。具体体现为契约双方在合同基础上的共赢关系。

从授权人与被授权人契约双方的共赢关系上探讨，连锁园经营模式的主要优点或优势有以下几个方面。第一，授权人（总园）只以品牌、声誉和管理经验等投入，便可达到规模经营的目的，不仅能在短期内得到回报，而且使原有知识产权类的无形资产迅速增值。被授权人（分园）由于购买的是已获成功的运营系统，可以省去自己摸索开办不得不经历的"学习曲线"，包括选择服务对象、经营定位、开发市场等必要的摸索过程，降低了经营成本和风险。第二，根据连锁类型，如果被授权人（分园）不是直营连锁模式，那么，它可以拥有自己的园所，掌握自己的收支。被授权人可以在选址、设计、员工培训、市场等方面，得到经验丰富的授权人的帮助和支持，使其运营迅速走向良性循环。由于更新资源，经营启动成本远远低于其他经营方式，因此可在较短的时间内收回投入并盈利。第三，授权人（总园）与被授权人（分园）之间不是一种竞争关系，而是一种合作和促进关系，有利于共同扩大服务半径和社会影响。

　　作为一种现代组织的经营模式，连锁经营经过一百多年的发展，在世界范围和诸多领域取得了成功。连锁经营这一经营模式的实质，是运用品牌等无形资产进行资本运营，实现低风险扩张和规模效益。这也是幼儿园连锁经营能得以迅速发展的根本原因。当然，这里的前提条件很明显：连锁的品牌是有质量的。

（吴玲　葛金国）

延伸与讨论指南

- 现在生活条件好了，孩子就一定健康吗？物质极大丰富了，孩子的成长就一定有营养的保障吗？

现代的孩子健康条件大为改善，但并不意味孩子就一定健康。均衡营养、体格健壮仍是要努力达到的目标。除了身体的健康，幼儿健康的心理和良好的社会适应能力并不会因为社会的进步而同步改善。物质极大丰富了，也容易带来挑食偏食、营养过剩、食物精细化等一些新的问题。

- 在全世界对儿童权益的保护越来越达成共识的背景下，孩子的健康成长还面临哪些挑战？

从全世界范围来看，各国发展水平很不均衡，尤其是战乱和饥荒并没有绝迹，孩子的健康成长还面临着严重的挑战。就我国现阶段而言，独生子女缺乏同伴、社会诚信的缺失、父母对孩子的溺爱与高期望、城市里复杂的交通及社会问题、农村的留守儿童问题等都是孩子健康成长所面临的挑战。

- 幼儿园的规模越大越好吗？从管理的角度而言，理想的幼儿园规模应该多大？

在教育均衡化的背景下，幼儿园的规模应该适度，连锁园、分园等都应该独立建制。规模越大越容易给管理造成不便，也会扩大生源辐射的范围，不符合"就近入园"的原则。中等规模的幼儿园以不超过10个班、300个幼儿为宜，理想的幼儿园以7个班、200个幼儿为宜。理想的幼儿园的班级人数规模可以控制在25人以内。

主要参考资料

一、专著教材类

[1] (苏)苏霍姆林斯基. 给教师的建议. 北京：教育科学出版社，1984

[2] 席勒. 美育书简. 北京：中国文联出版公司，1984

[3] 黄人颂. 学前教育学. 北京：人民教育出版社，1989

[4] 北京市教科所. 陈鹤琴全集. 南京：江苏教育出版社，1992

[5] 唐淑、钟昭华. 中国学前教育史. 北京：人民教育出版社，1993

[6] 朱慕菊. "幼儿园与小学衔接的研究"研究报告. 北京：中国少年儿童出版社，1995

[7] (英) 伯特兰·罗素著，曹荣湘等译. 论教育尤其是儿童教育. 北京：文化艺术出版社，1998

[8] 林崇德. 教育的智慧——写给中小学教师. 北京：开明出版社，1999

[9] 周采，杨汉麟. 外国学前教育史. 北京：北京师范大学出版社，1999

[10] 陈帼眉. 学前心理学. 北京：北京师范大学出版社，2000

[11] 叶澜等. 教师角色与教师发展新探. 北京：教育科学出版社，2001

[12] 庞丽娟. 教师与儿童发展. 北京：北京师范大学出版社，2001

[13] 张燕，邢利娅. 幼儿园管理案例及评析. 北京：北京师范大学出版社，2002

[14] 教育部基教司. 《幼儿园指导纲要（试行）》解读. 南京：江苏教育出版社，2002

[15] 教育部师范教育司. 教师专业化的理论与实践. 北京：人民教育出版社，2003

[16] 万钫. 学前卫生学. 北京：北京师范大学出版社，2004

[17] 陶志琼. 教师的境界与教育. 北京：北京师范大学出版社，2006

[18] 王枬. 智慧型教师的诞生. 北京：教育科学出版社，2006

[19] 吴玲、周元宽. 当代教师文化使命. 合肥：安徽人民出版社，2006

[20] 刘焱. 儿童游戏通论. 北京：北京师范大学出版社，2008

二、报刊论文

[1] 陈桂生. "学前教育"辨析. 学前教育研究，2002（6）

[2] 步社民. 关于幼儿教育价值和现状的沉思. 浙江师范大学学报，2006（1）

[3] 庞丽娟，胡娟，洪秀敏. 论学前教育的价值. 学前教育研究，2003（1）

[4] 储朝晖. 幼儿教育要确立为实现人类发展希望奠基的新目标. 学前教育研究，2008（3）

[5] 蔡迎旗. 幼儿教育性质谈. 教育导刊（幼儿教育），2007（7）

[6] 杜燕红. 学前教育机构性质衍变的深层价值取向解析及意义. 早期教育，2006（5）

[7] 冯晓霞. 幼儿教育应立足于儿童一生的可持续发展. 人民教育，2002（6）

[8] 虞永平. 幼儿教育与幼儿幸福——对幼儿教育的一种反思. 幼儿教育，2000（4）

[9] 陈蓓. 创造幸福的学前教育. 早期教育（教师版），2005（11）

[10] 丁海东. 论学前教育的规律. 学前教育研究，2009（7）

[11] 李剑萍. 二十世纪中国幼儿教育矛盾问题的历史研究. 华东师范大学学报（教育科学版），2000（2）

[12] 鄢超云. 儿童的朴素理论及其学前教育意义. 上海教育科研，

2003（4）

　　［13］赵忠心．超前教育一定出人才吗．健康，1999（12）

　　［14］刘晓东．超前教育断想．幼儿教育，2000（11）

　　［15］刘育锋．"论'不足教育'与'过度教育'"．职业技术教育，2000（19）

　　［16］李大维，刘秀丽．幼儿教育"小学化"倾向的现状与对策．东北师范大学学报，2006（6）

　　［17］曹中平，蒋欢．游戏功能的再认识——来自脑科学研究的启示．学前教育研究，2005（7-8）

　　［18］刘焱．我国幼儿教育领域中的游戏理论与实践．北京师范大学学报，1997（2）

　　［19］陈爱萍．幼儿教育呼唤游戏精神．江苏教育学院学报，2007（5）

　　［20］霍力岩．工业技术革命背景下世界幼儿教育的发展历程．北京行政学院学报，2000（5）

　　［21］白乙拉．世界幼儿教育发展历程．中国民族教育，2008（6）

　　［22］郭雨欣，莫群．国外学前教育面临的基本问题．当代教育论坛，2009（2）

　　［23］郭雨欣．国外学前教育的发展趋势．现代教育论丛，2009（5）

　　［24］张亚军．披荆斩棘 开路先锋——陈鹤琴学前教育思想概览．学前教育研究，2006（3）

　　［25］但柳松．普及农村学前教育：挑战、机遇与策略．继续教育研究，2010（3）

　　［26］吴玲、郭孝文．论教师专业化的拓展与推进策略．安徽师范大学学报，2001（4）

　　［27］张亚军．双向调适：基础教育改革背景下的"小幼衔接"研究．安徽师范大学硕士论文，2006